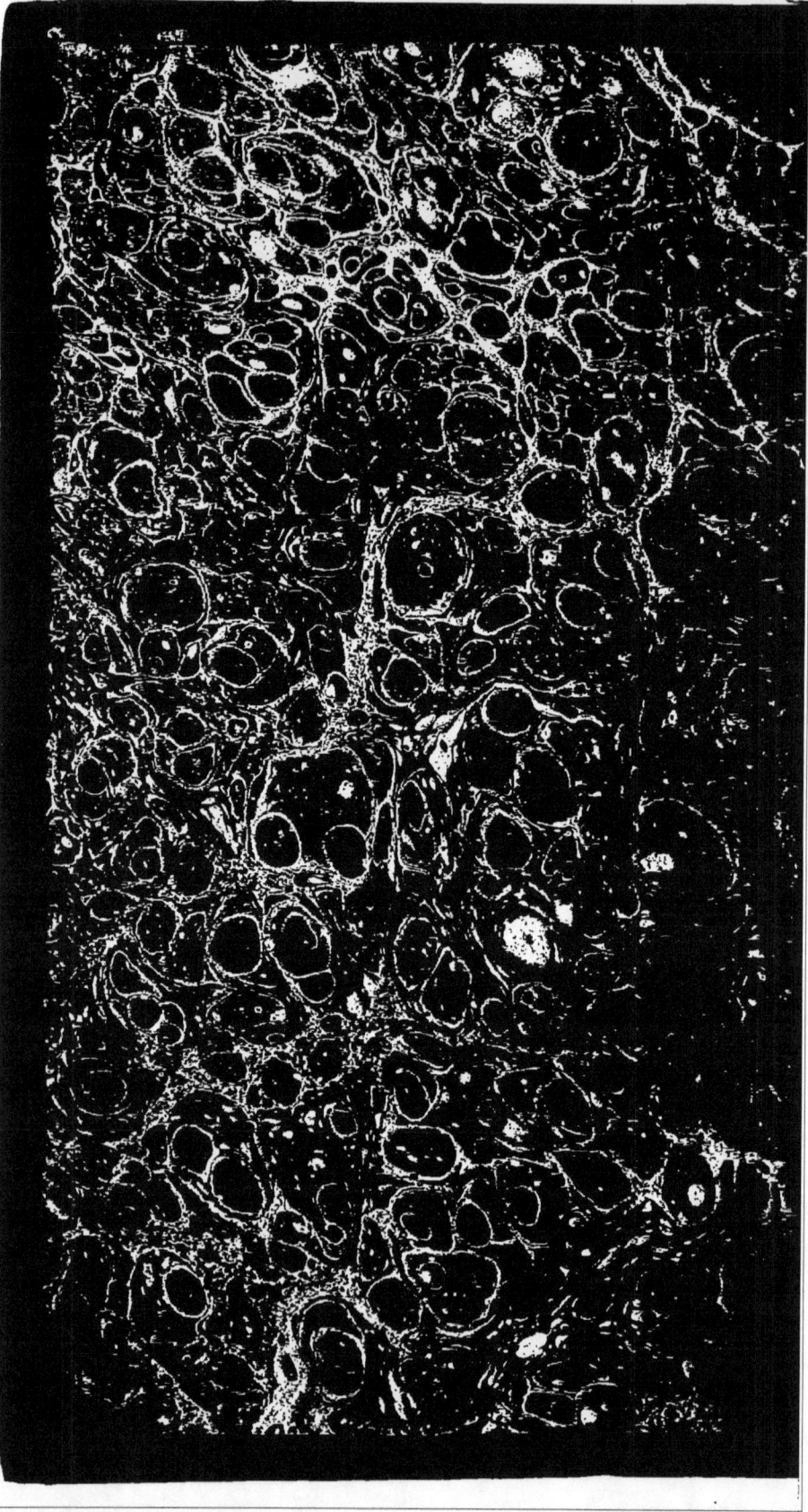

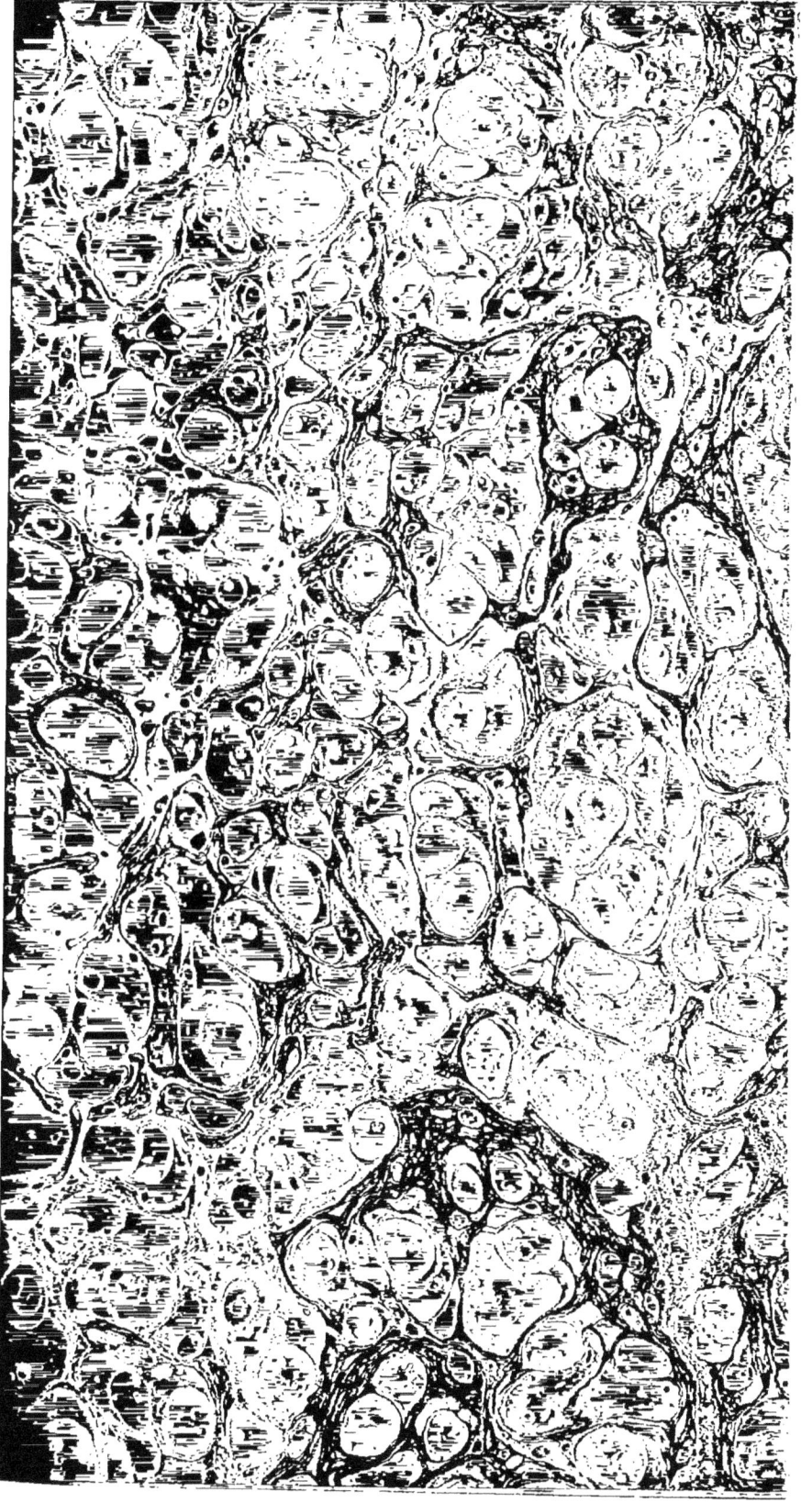

MŒURS FRANÇAISES.

LES HERMITES
EN LIBERTÉ,
SUITE DES
HERMITES EN PRISON,
L'HERMITE DE LA CHAUSSÉE-D'ANTIN,
DU FRANC-PARLEUR
ET DE L'HERMITE DE LA GUYANE, ETC.

TOME I.

Les formalités exigées ayant été remplies, les contrefacteurs seront poursuivis suivant la rigueur des lois.

Cet ouvrage se trouve aussi à

Agen..	chez Noubel.		Bossange.
Aix-la-Chap.	Laruelle.	Londres..	Dulau.
Angers...	Fourrié-Mame.		Treuttel et Wurtz
Arras...	Topine.	Lorient..	Caris.
Bayonne...	Bonzom.		Fauvel.
Berlin...	Schlesinger.		Bohaire.
Besançon.	Deis.	Lyon...	Faverio.
	Girard.		Maire.
Blois...	Aucher-Éloi.	Manheim...	Artaria et Fontaine.
	Mme Bergeret.	Mans...	Pesche.
	Lawalle jeune.		Chardon.
Bordeaux.	Melon.		Maswert
	Coudert.	Marseille..	Moissy.
	Gassiot.		Camoin.
	Gayet.		Chaix.
Bourges...	Gilles.	Metz..	Devilly.
Breslau...	Korn.		Thiel.
	Le Fournier-Desp.	Mons...	Leroux.
Brest...	Égasse.	Montpellier	Sevalle.
	Michel.		Gabon.
	Lecharlier.	Moscou...	Fr. Ris père et fils.
Bruxelles..	Demat.	Nancy...	Vincenot.
	Stapleaux.	Nantes...	Busseuil.
	Lacrosse.		Borel.
Caen....	Mme Belin-Lebaron.	Naples..	Marotta et Vanspaudoch.
Calais...	Leleux.		
Cambray...	Giard.	Nîmes...	Melquiond.
Chartres...	Hervé.	Niort...	Elies-Orillat.
Clermont-F..	Thibaud.	Orléans...	Huet-Perdoux.
	Lagier.	Rennes..	Duchesne.
Dijon...	Noellat.		Molliex.
	Tussa.		Frère.
Dunkerque.	Bronner-Beauwens.	Rouen...	Renault.
	Létendart-Delevoye.		Dumaine-Vallée.
Florence...	Piatti.	Saint-Brieux.	Lemonnier.
Francfort...	Brœnner.	Saint-Malo..	Kottier.
Gand...	Dujardin.	Saint-Pétersbourg	C. Weyer.
	Houdin.		Saint-Florent.
	Paschoud.	Stockholm..	Cumelin.
Genève...	Mangez-Cherbuliez.	Strasbourg..	Levraut.
	Duflo.	Toulouse..	Vieusseux.
Havre...	Chapelle.		Senac.
Lausanne...	Fischer.	Turin...	Ch. Bocca.
Leipsick...	Grieshammer.		Pic.
Liége...	Desoër.	Valenciennes	Lemaître.
	Collardin.	Vienne...	Shalbacherg.
Lille....	Vanakere.	Warsovie...	Klusgsberg.
Limoges..	Bargéas.	Ypres....	Gambert-Dujardin.

PARIS. — IMPRIMERIE DE FAIN, RUE RACINE, N° 4,
PLACE DE L'ODÉON.

LES HERMITES

M. DCCC XXIV.

LES HERMITES
EN LIBERTÉ,

PAR E. JOUY ET A. JAY ;

POUR FAIRE SUITE

AUX HERMITES EN PRISON,

ET AUX OBSERVATIONS

SUR LES MŒURS ET LES USAGES FRANÇAIS
AU COMMENCEMENT DU XIXe. SIÈCLE,

PAR E. JOUY,
MEMBRE DE L'INSTITUT.

*Ornés de deux gravures
et de dix-huit vignettes.*

TOME PREMIER.

TROISIÈME ÉDITION.

A PARIS,

CHEZ LADVOCAT, LIBRAIRE
DE S. A. S. MONSEIGNEUR LE DUC DE CHARTRES.
AU PALAIS-ROYAL.

M. DCCC XXIV.

PETIT AVANT-PROPOS.

Rien de plus difficile que d'écrire sur les mœurs à une époque et dans un pays où les hommes de tout état, de tout rang, de toute capacité, de toute condition, abdiquent le passé et placent l'avenir à fond perdu sur le moment présent.

L'auteur dont les travaux ont pour but spécial d'instruire une classe de lecteurs dans la profession où ceux-ci peuvent espérer de trouver la gloire ou la fortune; l'homme de lettres qui consacre ses veilles à combiner pour le plaisir du public le plan d'un ouvrage dramatique, d'une histoire ou d'un roman; celui qui enseigne à ses concitoyens l'art de s'approprier les avantages de la société, sans en supporter aucune des charges; tous ces écrivains, avec un peu de talent, ont de nombreuses chances de succès : mais deux pauvres hermites qui entreprennent de se faire écouter de ce même public, sans flatter les passions dominantes, sans épargner les travers à la mode, sans ménager les vices en crédit, doivent se faire pardonner l'ennui de leurs préceptes et l'austérité de leur morale, en cherchant à frayer à la vérité des routes nouvelles, et surtout à amuser l'attention pour parvenir à la fixer sur des objets sérieux qu'elle repousse.

Ce n'est plus seulement de talent et de zèle, c'est de courage et de persévérance que nos hermites moraliseurs ont besoin aujourd'hui au milieu d'une société ou plutôt d'un amas d'hommes profondément corrompus, pour qui les mots de patrie, de liberté, de vertu, frappent l'air sans éveiller une idée, sans ranimer un sentiment.

On s'étonnera sans doute qu'ils osent rentrer dans une carrière où tant d'obstacles se présentent; peut-être même les taxera-t-on d'arrogance et de vanité en les voyant s'avancer presque seuls contre l'armée combinée des vices, des préjugés et des priviléges : n'importe, ils comptent sur la bonté de leurs armes, sur la justice de leur cause et sur le choix de leur position; ils se flattent encore de pouvoir arrêter l'ennemi dans l'étroit défilé dont ils occupent les hauteurs.

Dans cette lutte inégale, ils appelleront à leur secours les souvenirs du passé, les terreurs et les espérances de l'avenir; ils peupleront la scène d'êtres imaginaires, et ranimeront des morts illustres pour les opposer à la foule obscure de leurs adversaires vivans.

Tels sont les projets des hermites : disons

maintenant deux mots des circonstances qui les ont fait naître.

Au sortir de la triste cellule où ils avaient été claquemurés pendant un mois, nos deux solitaires, avides de respirer un air plus pur que celui de Sainte-Pélagie, ont été se confiner dans leurs retraites champêtres, l'un à Chènevières, l'autre à Ivry, sur les deux rives opposées de la Seine. L'été de 1823 s'est rapidement écoulé pour eux dans les douces occupations que l'un s'est créées au milieu des fleurs qu'il cultive, et dans les méditations poétiques auxquelles l'autre consacre la saison des beaux jours.

A la fin de l'automne chacun d'eux avait regagné son hermitage de ville, et repris le cours de ses travaux habituels : une petite fête de famille réunit les deux solitaires, vers le milieu du mois de janvier, et le livre que nous publions ayant été la suite du petit dialogue qui s'établit entre eux, nous croyons devoir le citer ici dans son intégrité.

LE PÈRE A. J.

Eh bien, confrère, êtes-vous encore furieux contre ceux qui vous gagnent aux échecs et contre ceux qui vous mettent en prison?

LE PÈRE E. J.

Je me réconcilie avec les premiers en prenant ma revanche; mais comme je n'ai pas cette ressource avec les autres, je conviens que je leur garde rancune.

LE PÈRE A. J.

Rancune de philosophe! cela n'est point dangereux.

LE PÈRE E. J.

Pour les individus;... mais pour l'espèce?

LE PÈRE A. J.

Qu'importe à nos hommes du jour, ou d'un jour? garantissez-leur l'individu, ils vous feront bon marché de l'espèce, je vous en réponds.

LE PÈRE E. J.

Eh bien! c'est déjà un moyen de transaction entre nous : qu'ils exploitent le présent et me laissent mon franc-parler pour l'avenir; aussi-bien tel est le mauvais esprit, le mauvais goût et les mauvaises mœurs qui nous ont envahis de toutes parts, que je n'attends plus rien de mes contemporains; je n'ai plus d'espérance que dans les générations qui nous suivent, et c'est aux enfans que je dénonce les erreurs, les folies de leurs pères.

LE PÈRE A. J.

Nous ne sommes corrigés ni l'un ni l'autre, et je vois que nous mourrons dans l'impénitence finale; vous toujours impatient, caustique, enthousiaste du bon, du beau; moi toujours de sang-froid, indulgent, décidé à toujours voir les choses du côté le plus favorable, bien convaincu que le siècle de la raison est en marche, et que s'il laisse après lui quelques traîneurs, le corps d'armée ne s'arrête pas.....

Mais cette petite discussion me rappelle que c'est dans cette singulière combinaison de l'analogie de nos principes, et de la dissidence de nos caractères, que nous avons trouvé à Sainte-Pélagie de si douces consolations.

LE PÈRE E. J.

Maintenant que nous sommes en liberté, croyez-vous que nous en ayons un besoin moins vif?

LE PÈRE A. J.

Non certainement, et c'est pour cela que je vous propose de continuer entre nous ce mutuel échange d'observations et de pensées dont le public a si favorablement accueilli la première communication.

LE PÈRE E. J.

Nous inspirions alors un genre d'intérêt

qui nous abandonne aujourd'hui, nous étions réunis sous les mêmes verroux.

LE PÈRE A. J.

Fort heureusement nous ne pouvons plus compter sur ce moyen de succès.

LE PÈRE E. J.

Nous sommes privés de ces entretiens journaliers où nous puisions des inspirations soudaines, que l'on trouve aussi rarement dans le tourbillon du monde que dans l'isolement du cabinet.

LE PÈRE A. J.

Ne pouvons-nous y suppléer par une correspondance suivie, dans laquelle nous nous rendrions mutuellement compte des remarques que nous aurions faites, des impressions que nous aurions reçues des mêmes événemens, ou des objets divers que nous aurions observés aux deux extrémités de Paris? Il faudrait que nous fussions bien maladroits pour qu'une semblable correspondance sur les mœurs, la politique, la philosophie et la littérature du jour, fût dénuée de toute espèce d'intérêt et d'utilité.

LE PÈRE E. J.

La proposition me plaît; demain vous recevrez de moi une première lettre, et quand notre recueil aura pris la dimension d'un volume, ce sera à nous de juger s'il est digne d'être mis sous les yeux du public.

LES HERMITES
EN LIBERTÉ.

N°. 1ᵉʳ. — 1ᵉʳ. *janvier* 1824.

PREMIÈRE LETTRE.

LA RIVE DROITE.

> Hélas ! sur les deux rives,
> Caprices, préjugés, ridicules divers,
> Sans cesse remplacés par de nouveaux travers.

Pour vous prouver, mon cher confrère, que je suis *as good as my word*, comme disent les Anglais, je mets en m'éveillant la main à la plume et j'entame avec vous une correspondance sur les erreurs, les préjugés, les folies des Français dans la vingt-quatrième année du XIXe. siècle; le sujet est vaste, nous ne sommes pas d'âge à l'épuiser, c'est un héritage que nous laisserons à nos enfans.

Je commence par vous rappeler que dans le champ sans limite ouvert à nos observations, il est deux enclos où nous nous sommes promis de ne point pénétrer : nous ne dirons donc rien de *la religion*, ni de *la politique* des cabinets : de l'une, parce que c'est le secret des consciences et que personne n'a le droit de s'en rendre maître; de l'autre, parce que c'est le secret du sphinx ministériel qui a sur l'autre l'avantage de pouvoir changer à tout moment le mot de l'énigme qu'il propose.

Ce point arrêté, il convient de nous partager le terrain que nous nous proposons de cultiver en commun : plus heureux que la plupart des souverains, nous connaissons l'étendue de nos états dont la Seine a marqué les limites naturelles.

Hermite de la rive gauche, vous avez dans votre juridiction les académies, l'université, les colléges, les ministères, l'ancienne noblesse et les catacombes, c'est-à-dire tous les débris, tous les gothiques préjugés et tous les nobles ridicules de la vieille France.

En ma qualité d'hermite de la rive droite, mon sceptre, c'est-à-dire ma férule, s'étend sur le faubourg Saint-Honoré, le Louvre, la Chaussée-d'Antin, le Palais-Royal et le Marais; ainsi je vous dois compte de mes observations sur la noblesse nouvelle, sur l'industrie, les beaux-arts, les spectacles, les modes, en un mot sur les progrès, les avantages, les erreurs et les travers de la société moderne.

Pour commencer à m'acquitter de ma tâche, embrassons d'un premier coup d'œil l'ensemble de mon sujet.

Saint-Foix a fait l'histoire des rues de Paris ; Retif de la Bretonne, de ses mauvais lieux ; Furetière, de ses boutiques ; Mercier, de ses greniers : j'essaie l'histoire de ses mœurs.

Paris est en quelque sorte l'épitome de la France, et peut-être en suivant cette observation trouverait-on que la Seine, ainsi que la Loire, partage cette France abrégée en deux peuples différens de mœurs et de caractères. Celui de la rive droite dont je m'occupe spécialement se distingue par des habitudes moins sédentaires, par une activité plus bruyante ; par un besoin plus vif de luxe, de plaisirs et de spectacles.

Paris, depuis une trentaine d'années, n'est plus que la seconde ville de l'Europe sous le rapport de la population ; Londres

LA RIVE DROITE.

se vante ou plutôt s'accuse avec raison de renfermer cent cinquante ou deux cent mille âmes de plus que la capitale de la France; mais il est également vrai que cette dernière l'emporte sur sa rivale par la magnificence de ses édifices publics, par la beauté des monumens de l'art dont elle est ornée, par l'élégante variété des maisons, et par ces boulevarts plantés d'arbres qui forment dans son enceinte intérieure une double avenue circulaire de quatre ou cinq lieues de circonférence. C'est principalement sur la rive droite de la Seine, que Paris déploie les avantages qui lui assurent une incontestable supériorité sur toutes les capitales de l'Europe.

On y remarque dans toutes les classes, dans toutes les conditions, plus de goût, plus d'éclat et d'élégance : les boutiques de la rue Vivienne ne sont ni plus riches ni mieux fournies que celles de la rue Dauphine; mais les premières ont plus d'apparence, les devantures sont plus ornées, et la plupart des enseignes figureraient à merveille dans un muséum d'Angleterre.

Si l'on veut se faire une idée des perfectionnemens de toute espèce que les besoins d'un luxe ingénieux ont introduits dans l'habitation des familles opulentes, c'est dans un palais du faubourg Saint-Honoré ou dans un hôtel de la Chaussée-d'Antin qu'il faut aller étudier ces progrès matériels de la civilisation.

Maintenant m'expliquerez-vous, mon cher confrère, autrement que par la différence des caractères et des mœurs des deux peuples, pourquoi (à population et à fortune à peu près égales) presque tous les théâtres, les jardins, les cafés, les guinguettes, en un mot, presque tous les établissemens destinés aux plaisirs des citoyens des différentes classes, se trouvent réunis sur cette rive droite, tandis que les hôpitaux, les prisons, les colléges, les académies, les amphithéâtres se sont emparés de l'autre rive de la Seine? Vous voyez tout le parti qu'on pourrait tirer de cette remarque et la discussion savante dont elle pourrait être l'objet; sachez-moi donc gré de vous en épargner l'ennui, et, après vous avoir indiqué en quelques lignes les avantages du peuple de la rive droite, de vous parler tout aussi brièvement des ridicules et des travers qui lui sont particuliers.

« Les Parisiens, dit Rabelais, sont tant
» sots, tant badauds, tant ineptes de nature,
» qu'un bateleur, un porteur de rogatons,
» un mulet avec ses cymbales, un vielleux
» au milieu d'un carrefour assemblera plus
» de gens que ne ferait un bon prêcheur
» évangélique. »

Sans prétendre qu'il ne reste aucun trait de ressemblance entre le Parisien du temps

1.

de Rabelais et celui de nos jours, on doit convenir que le portrait esquissé par le curé de Meudon ne ressemble guère plus au portrait dont nous avons le modèle sous les yeux que celui qu'en a tracé l'empereur Julien. Les Parisiens ne sont ni aussi ineptes que le dit Rabelais, ni aussi sérieux que Julien les représente, mais la *badauderie* est encore un trait caractéristique de leur physionomie; et ce qu'il y a d'assez singulier, c'est que cette habitude défectueuse est plus remarquable dans la nouvelle ville que j'habite, que dans l'ancienne cité où vous avez établi vos Pénates. Ce qu'il y a de certain, c'est qu'un étranger vêtu à la manière de son pays, un personnage d'une tournure bizarre, une femme d'une laideur ou d'une beauté peu commune se promèneront au Luxembourg sans espérer ou sans craindre d'y fixer l'attention; tandis que tout ce qui s'écarte le moins du monde de l'ordre de choses habituel, est sûr de devenir aux Tuileries l'objet d'une curiosité importune et souvent insultante. J'en ai fait dernièrement la double épreuve.

La femme d'un de mes amis d'outre-mer est venue passer à Paris quelques mois ; elle m'avait été recommandée, et je me suis empressé de lui faire les honneurs d'une ville renommée par l'extrême politesse de ses habitans. Cette dame est belle, mais la nature en lui prodiguant les appas s'est complu dans sa libéralité, au point d'exagérer singulièrement des formes qui perdent ordinairement de leur grâce, quand elles se produisent avec trop de saillie. Nous avions été la veille nous promener impunément au Luxembourg; mais le lendemain nous fûmes moins heureux aux Tuileries : à peine avions-nous fait deux tours sur la terrasse des Feuillans, que nous nous trouvâmes entourés par une foule de curieux impertinens, pour qui l'embonpoint proéminent de la pauvre dame devint un sujet intarissable de plaisanteries dont ces messieurs ne prenaient pas toujours la peine de nous épargner la confidence : fort heureusement, en sa qualité d'étrangère, elle n'en sentait pas tout le sel, et je parvins d'abord assez facilement à faire prendre le change à son amour-propre ; mais comme la foule augmentait toujours et que les quolibets prenaient un caractère d'impertinence auquel il devenait moins facile de se méprendre, nous fûmes obligés de faire retraite et d'aller achever notre promenade aux Champs-Élysées.

Plus badauds que nos concitoyens de la rive occidentale, je serais assez porté à croire que sans être moins actifs nous sommes généralement plus paresseux ; toujours est-il certain que la population est sur pied, que les ateliers sont en mouvement et les boutiques ouvertes dans le quartier Saint-Jacques, deux grandes heures avant qu'il fasse jour pour nos marchands de la rue Saint-Denis; il est vrai que par compensation, la foule après 11 heures du soir s'agite encore autour du Palais-Royal, quand l'Estrapade est dès long-temps enseveli dans le plus profond sommeil.

Les ridicules, les défauts, les vices qui naissent de l'ambition, du désœuvrement et de la galanterie, étaient, il y a quelques années, beaucoup plus communs de ce côté de la Seine; mais, à cet égard comme à beaucoup d'autres, le faubourg Saint-Germain a recouvré ses anciens priviléges.

Vous concevez, mon cher confrère, que je ne prétends tirer aucune conséquence de quelques observations générales, dont la justesse a besoin d'être débattue entre nous : Dans la société que nous avons formée, nous ouvrons aux Parisiens des deux rives un compte par *doit* et *avoir* : nous ne saurons à quoi nous en tenir que lorsque nous en ferons la balance. En attendant, que Montaigne, Voltaire et Adisson vous tiennent en joie et santé. E. J.

N°. II. — 6 *janvier* 1824.

DEUXIÈME LETTRE.

LA RIVE GAUCHE.

Instat hic nunc ille annus egregius.
M. T. Ciceronis, *Epist. ad Atticum*,
lib. primus, epist. XVIII.

(Voici maintenant une année qui ne promet pas moins.)

Votre rive droite, mon cher hermite, est un peu trop vaine de ses avantages; je n'ignore pas que ses habitans ne parlent jamais de la rive gauche sans lui lancer quelques sarcasmes; ils nous regardent en général comme des hommes peu avancés dans la civilisation et qui n'ont pas encore secoué le joug des préjugés surnommés gothiques. Notre pauvre faubourg Saint-Germain est accusé de recéler une classe remplie d'orgueil, mécontente du siècle et couverte encore de la rouille des vieux temps. On nous reproche l'ennui de nos salons, le goût suranné de nos fêtes, la triste solitude du Luxembourg et jusqu'au pédantisme de notre pays latin. Ce n'est qu'après de mûres réflexions que vos amis de la brillante Chaussée-d'Antin se décident à traverser la Seine et à poursuivre leur route jusqu'au boulevard du Mont-Parnasse. Ils s'imaginent alors qu'ils sont au bout du monde; je suis surpris qu'aucun d'eux n'ait encore publié la relation de son voyage dans nos contrées avec des observations philosophiques sur les mœurs, le langage et les manières de leurs habitans.

Votre Chaussée-d'Antin, si fière de ses.

banques et des raffinemens de son luxe, date d'hier; elle a toute la vanité d'un parvenu. Quant à nous, l'aspect même de nos monumens et leur destination prouvent que nous sommes vos aînés, et que du moins, sous ce rapport, vous nous devez du respect. Venez contempler notre palais des Thermes, où vécut ce grand empereur Julien que votre talent voulait offrir à l'admiration de ses bons amis de Lutèce, et qui est condamné par la censure après avoir été damné par la Sorbonne. Ces Thermes, où les destinées du monde se sont balancées, attestent encore le génie de Rome. On est frappé de surprise à la vue de ces grandes arcades qui se dessinent majestueusement dans leur élégante simplicité. Vous jugerez de la solidité des voûtes à arête et à plein cintre, en songeant qu'elles supportent des jardins plantés d'arbres, qu'elles ont résisté à l'effort de quinze siècles et à l'instinct des-

Tom. I. *Les Hermites en liberté*, 3ᵉ. édit. 2

tructeur de la barbarie. Je vous dirai confidentiellement, et même avec un peu de honte, que ce monument architectural, le seul de ce genre qui existe à Paris, que ce palais où le césar Julien fut proclamé empereur aux applaudissemens de nos vénérables aïeux, était encore, il y a peu d'années, la propriété d'un tonnelier : il est aujourd'hui passé entre les mains du gouvernement ; on a eu même quelque temps l'idée d'y faire des fouilles et de le restaurer ; mais des soins plus importans sont venus distraire nos grands hommes d'état, et Montrouge a fait oublier le palais des Thermes.

Si je vous disais que les jardins de ce palais s'étendaient jusqu'à la Seine et servaient de promenade à la reine *Ultrogothe*, épouse du roi Childebert, vous m'accuseriez de pédantisme ; vous y verriez l'influence de la région scolastique. Il faut cependant, pour faire valoir ma rive gauche, que je remonte un peu vers le passé. Nos anciens monumens sont nos titres de noblesse, et vous savez tout le prix que nous y attachons de ce côté-ci de la rivière. Vous avez des coffres-forts bien garnis; nous avons de vieux parchemins; et lorsque vos tristes financiers additionnent péniblement leurs bordereaux, nous nous enfonçons avec délices dans la poussière de nos archives; il ne faut pas disputer des goûts.

Voyez-vous cet emplacement où tous les vins du royaume se donnent rendez-vous; où les vins de Champagne, de Bourgogne et de Médoc se disputent la prééminence : vous devineriez difficilement son antique destination. C'est là cependant le berceau de notre gloire littéraire; c'est là que s'élevait l'abbaye de Saint-Victor, où Santeuil composa ses hymnes, où plusieurs siècles avant lui Abailard donnait ses leçons d'éloquence et de dialectique; là triomphait cette voix séductrice dont le charme attendrit Héloïse et coûta si cher au galant professeur.

Vous craignez peut-être que je ne vous oblige de faire avec moi un cours d'antiquités, et que je ne vous enterre tout vivant dans les Catacombes du pays latin. Détrompez-vous; je vous ferai grâce de la Sorbonne et du collége de Montaigu, d'où saint Ignace de Loyola, catéchisé et fouetté, sortit un beau jour pour établir cet institut qui renaît aujourd'hui de ses cendres, tout jeune de fanatisme, tout bouillant d'ambition; je ne vous parlerai pas même du Panthéon, l'ornement et l'orgueil de notre rive gauche. Quant à l'Académie française, je la réserve pour une autre occasion.

J'aime mieux répondre à la question que vous me faites sur les causes de la différence des établissemens qui se trouvent sur nos deux rives. « Tous ceux, dites-vous, qui sont destinés aux plaisirs des citoyens des différentes classes, s'élèvent de votre côté, tandis que du nôtre se trouvent les hôpitaux, les prisons, les colléges, les académies et les amphithéâtres. » Vous pensez que cette différence tient à celle des caractères et des mœurs de leurs habitans; pour moi, je serais porté à croire qu'elle est le résultat nécessaire des mouvemens progressifs de la civilisation. Il a fallu satisfaire les besoins réels ou factices de la société avant de songer à ses plaisirs. Chaque époque a ses monumens caractéristiques; les prisons sont les plus anciens de tous, parce que la nécessité de réprimer le brigandage se fait d'abord sentir; aussi, nos prisons, et nous en savons quelque chose, portent l'empreinte de l'antique barbarie du pouvoir et de celle des mœurs : ce n'est point un séjour de sûreté, c'est un séjour de torture et trop souvent de désespoir. Ces donjons étroits où l'air est dispensé avec une cruelle parcimonie, ces dégoûtans réceptacles où se confondent et s'exaltent les vices, où se méditent les crimes à venir, ne sont pas de notre siècle; ils n'appartiennent point à nos mœurs; on cherche même, quoique trop faiblement, à les améliorer; ce sont les monumens d'un âge grossier, féroce et servile. Il en est de même des hôpitaux, qui inspiraient jadis tant d'effroi et qui ont éprouvé de salutaires réformes. Les colléges, les académies, se sont élevés à mesure que la société s'est perfectionnée. On voulait de l'instruction; on la cherchait laborieusement où elle n'est pas; mais ces tentatives mêmes attestaient les nouveaux besoins de l'esprit humain; car il ne faut pas oublier que de nos colléges, quelque défectueux qu'ils fussent et qu'ils soient encore, est sortie cette foule de grands hommes et de génies sublimes dont s'honore la France savante et littéraire.

Enfin, la sécurité sociale, les progrès de l'industrie, les labeurs du commerce, l'accumulation des richesses dans les capitales, ont évoqué le génie des arts et le démon du luxe. Ce sont eux, les derniers venus, qui se sont emparés de votre rive. Ils ont élevé vos jardins, vos théâtres, vos cafés, et jusqu'à vos guinguettes où brille le luxe populaire de la rue Saint-Denis. Vous avez raison de dire que vous habitez une ville nouvelle; elle est toute de l'époque, et le palais de la Bourse est le grand monument qui la caractérise; mais j'en parlerai ailleurs, car je me propose aussi de faire quelque voyage de découverte dans votre Eldorado.

Vous avez cru remarquer que nos riverains ont un peu moins de *badauderie* que les vôtres, et là-dessus encore je ne saurais être entièrement de votre avis. Les charlatans n'ont pas moins de succès dans le faubourg Saint-Germain que dans vos quartiers ; peut-être même vous prouverais-je avec facilité que c'est ici leur terre classique ; c'est au moins le rendez-vous général, de leurs compères et de leurs dupes.

Nous sommes badauds d'une autre manière que vos habitués du boulevart de Coblentz ; nous ne poursuivons pas les femmes dont les formes ont un peu trop de saillie ; cela ne serait pas reçu au Luxembourg ; mais, si vous visitiez nos écoles publiques, vous trouveriez une affluence considérable partout où se débitent des lieux communs, et où des hommes, burlesquement vêtus, livrent de furieuses attaques à la raison et à la vérité. Comment expliquer cette affluence autrement que par notre penchant invincible à la badauderie ?

La civilisation marche si vite que les différences qui existent entre les deux rives s'effacent avec une merveilleuse rapidité.

Depuis long-temps on se plaint de votre côté que vous n'avez plus ni vieillards, ni vieilles femmes. La classe si respectable des matrones a cessé d'exister à la Chaussée-d'Antin et dans les alentours : rien n'y marque les âges ; les glaces de l'hiver s'y couronnent de fleurs ; grâces à l'art des dentistes et des parfumeurs, on n'y voit que des bouches et des chevelures de quinze ans ; le temps n'y fait plus d'outrages irréparables, et les générations s'y succèdent incognito ; on ne trouverait pas un seul cheveu blanc depuis le boulevart de la Madelaine jusqu'à la porte Saint-Antoine ; c'est une singularité qui n'est pas même remarquée ; nous avons aboli la vieillesse.

Cette horreur du déclin de la vie influe sur nos mœurs. Il n'y a plus de gravité dans les manières ; on ne distingue pas plus les professions que les âges. Je regrette ces conversations où l'expérience instruisait la jeunesse; au milieu de tant de Télémaques, je ne serais pas fâché d'entendre la voix d'un Mentor.

Nous ne sommes pas encore arrivés, dans le faubourg Saint-Germain, à ce degré de perfection sociale; mais cela ne tardera pas; je m'aperçois que le nombre des jeunes femmes augmente chaque jour, et que celui des vieillards diminue sensiblement, même au Luxembourg. J'ai vu croître une forêt de cheveux noirs sur des têtes chauves dans l'espace d'une nuit. Nos professeurs d'histoire, de latin, de grec ou de morale, veulent être jeunes; si rien ne s'oppose à cette tendance générale, on ne verra plus d'ailes de pigeons et de toupets en fer à cheval que dans le palais des Tuileries et à la chambre des Pairs.

Ainsi disparaissent les différences matérielles de la société; celles qui tiennent à l'éducation et aux penchans se confondent aussi dans deux passions dominantes, la vanité et l'amour des richesses. Ces deux passions ont envahi toutes les classes, tous les états. On vend sa conscience, son opinion pour un ruban comme pour une pension ou une place lucrative; on est avide de titres comme de billets de banque; les noms de comte, de marquis et de duc frappent délicieusement les oreilles, mais on veut y joindre l'opulence; et de là vient cette union intime entre la vanité et la cupidité; elles se tiennent par la main; ce sont deux sœurs inséparables.

Vous me direz que dans tous les temps on a censuré les mœurs de l'époque; je crois que dans tous les temps on a eu raison. Le moraliste religieux ou philosophe se flatte vainement de corriger les hommes, ils seront toujours ce que la nature les a faits, des créatures faibles, passionnées et avides de jouissances personnelles. La morale n'a point de remèdes assez puissans pour guérir les maladies du cœur. L'ambition, l'hypocrisie, l'avarice, l'amour immodéré des plaisirs n'offrent aucune prise à l'éloquence ; le génie foudroyant de Bossuet, la douce parole de Massillon ne purent exiler un seul des vices qui dominaient à la cour, soit qu'elle affectât un air austère dans les dernières années de Louis XIV, ou qu'elle entourât de prestiges le berceau de son successeur. Les masques seuls changeaient à vue ; l'ambition s'était montrée crédule et dévote sous Louis XIV ; elle devint sceptique et libertine sous le Régent.

On a distingué deux morales, l'une publique et l'autre privée ; elles reposent sur des principes différens. Cette distinction a été faite depuis bien des siècles ; elle existait avant Machiavel ; mais on ne peut lui refuser l'honneur d'en avoir réglé la théorie et enseigné la pratique ; nos reines italiennes nous apportèrent cette doctrine de Florence; elle étonna d'abord le caractère français, et ne fut pleinement naturalisée parmi nous que sous le règne du cardinal de Richelieu. On discutait, dans un conseil privé, sur la nécessité où se trouvait Louis XIII de consentir à l'exil de sa mère, Marie de Médicis; ce conseil était composé des docteurs de Sorbonne, dont Richelieu se servait pour attaquer et vaincre la conscience royale : ce fut pendant la discussion que le mot de *raison d'état* tomba, pour la première fois, des lèvres du père Joseph, et depuis cette époque il a conservé tout le charme de la nouveauté.

Les gouvernemens de l'Europe auraient dû élever une statue, à frais communs, à la mémoire du père Joseph; personne n'a rendu un plus grand service que ce bon religieux, à la diplomatie et à la morale publique; car le *coup d'état*, si utile aux hommes du pouvoir, est né, par une filiation toute naturelle de la raison d'état. Que de simples citoyens règlent leur conduite sur ces maximes, ils s'exposent au mépris; qu'ils s'avisent de frapper quelque coup d'état à leur profit, c'est-à-dire, de violer la morale vulgaire et la loi commune, on pourra fort bien les envoyer à l'échafaud; il n'appartient qu'à des hommes puissans de professer ces maximes et d'en faire l'application; ce qui serait pour les uns un juste sujet d'accusation, devient pour les autres un titre de gloire; ils ne manqueront ni d'admirateurs pendant la durée de leur autorité, ni d'apologistes après leur chute. La raison d'état ne meurt pas; chaque ministre la retrouve au fond de son portefeuille; quelque ignorant qu'il soit, il ne tarde pas à en reconnaître les avantages; c'est une logique toute faite qui le dispense de raisonnemens et dont le moins habile apprend bientôt à se servir; plus d'un sot parvenu emploie à merveille la raison d'état.

Rien de plus élastique que cette morale privilégiée; elle met en honneur la corruption, elle fait un devoir de la servilité, et ne permet pas le plus léger murmure à la conscience. Il est facile à la raison d'état de justifier l'excès des vengeances, la cruauté des proscriptions, les plus sanglans outrages à l'humanité. Dans le langage des professeurs accrédités de cette morale, la Saint-Barthélemi elle-même cesse d'être un crime; ce n'est plus qu'un coup d'état légitime, qu'une rigueur salutaire. Voilà donc à quel degré de perfection morale nous sommes parvenus! combien cela promet pour l'avenir!

Aux yeux de ces grands moralistes, la religion n'est plus cette Vierge sainte descendue du ciel pour apaiser les douleurs humaines, pour embraser les cœurs d'une charité divine, et offrir à la vertu des palmes immortelles; c'est une furie armée de serpens et de torches, qui règne par la terreur. C'est elle qui apprend à violer la foi jurée, qui consacre le mensonge, fait taire la voix du remords et confirme l'esclavage des peuples. Cette furie se couvre du manteau de la religion; elle emprunte même son langage, et voudrait, s'il était possible, la rendre complice de ses attentats. La religion méconnue gémit au fond du sanctuaire, s'indigne de l'usurpation; mais sa voix n'est plus écoutée, le fanatisme seul dicte ses oracles.

Tel est le résultat de la distinction entre la morale publique et la morale privée, distinction si bien établie de nos jours, et qui nous fera tant d'honneur dans la postérité. Qu'ils étaient ignorans et aveugles, ces hommes d'un autre siècle, qui ne reconnaissaient qu'une morale, et en recommandaient la pratique aux grands de la terre comme aux plus obscurs citoyens ! Ils ne savaient distinguer ni deux espèces de probité, ni deux espèces d'honneur, ni deux espèces de justice; ils ignoraient qu'un homme sans talens, dépravé dans ses mœurs, esclave de ses passions et de ses intérêts, devenait respectable dès qu'il était revêtu de la pourpre et qu'il avait le pouvoir de nuire. Si Fénélon revenait au monde, il serait bien surpris des progrès de notre morale publique; peut-être s'aviserait-il d'en marquer son étonnement; mais combien il devrait s'estimer heureux si l'on se bornait à lui répondre comme le charlatan de la comédie : « *Nous avons changé tout cela !* »

Si un tel système de morale ne porte pas tous ses fruits, c'est qu'il trouve quelques obstacles à son développement dans les mœurs et le caractère national. Il y a encore trop de bon sens, trop d'instruction dans la société ; des communications trop fréquentes existent encore entre les hommes, pour que la corruption jouisse paisiblement de ses honneurs et le fanatisme de son crédit. On supporte le langage de l'un et de l'autre ; mais leurs actes ne sont pas reçus avec une approbation générale ; ils paraissent trop contraires à l'état actuel de la civilisation ; chose étrange, le fanatisme lui-même est forcé à quelque pudeur ; c'est un tourment bien cruel ; mais il faut qu'il s'y résigne jusqu'à l'époque, si soigneusement préparée, où nos mœurs et notre morale seront parfaitement d'accord.

Nous y arrivons à pas de géant. Nos mœurs publiques se corrompent chaque jour. Les besoins du luxe et de la vanité énervent les âmes, et dressent les piéges où se prennent la probité et l'honneur. La soif de l'or qu'irritent sans cesse les jeux cruels de la finance et les honteux profits de l'intrigue, la soif de l'or flétrit les caractères; on ne sait plus vivre dans une indépendante et honorable médiocrité; on veut arriver soudainement à l'opulence, et violer la fortune au lieu de mériter ses faveurs. De là, cette inquiétude générale dont la société est travaillée, ces changemens subits d'état et d'opinion, ces élévations instantanées qui n'étonnent plus, ces chutes fréquentes si rapidement oubliées; enfin, ce dévergondage social qui confond les rangs, les professions, qui sacrifie tout aux apparences, qui justifie tout par le succès. L'impulsion, partie du centre, agite tous les points de la société ; le malaise arrive à la suite du luxe dans les moindres villages. Où trouver maintenant la tranquillité d'esprit, le calme du cœur, les vertus hospitalières et les doux loisirs? On s'émerveille de la modération comme d'un phénomène ; le repos n'est plus même permis à l'extrême vieillesse ; la cupidité se tourmente, et la vanité s'agite jusqu'au bord de la tombe.

D'un autre côté les lumières de la raison, qui forment seules quelque contre-poids à l'entraînement général, sont menacées d'une éclipse totale ; les livres où le génie a déposé des vérités utiles et les maximes de l'éternelle sagesse sont proscrits ; Massillon n'est plus qu'un dangereux déclamateur ; Fénélon est rangé parmi les philosophes précurseurs de nos troubles civils ; Pascal est exilé de l'instruction ; la Henriade est purgée des principes de tolérance qui la déshonorent ; on réduit Boileau, on mutile La Fontaine ; le Tartufe est à l'*index*, et Corneille à peine toléré ; mais en revanche M. Paillet de Warcy est imprimé ; on le porte aux nues, et on canonise Marie-à-la-Coque.

Il existait une méthode d'enseignement qui mettait à peu de frais et en peu d'années une instruction solide à la portée des classes inférieures de la société. Mais cette invention diabolique, qui rendrait les esprits moins grossiers et les mœurs plus douces, est poursuivie avec fureur. La morale publique, telle qu'on l'entend aujourd'hui, a surtout besoin d'ignorance ; elle ne triomphera avec sécurité que lorsque la masse de la nation ne saura ni lire ni écrire, et qu'elle croira aveuglément aux miracles du prince de Hohenloe. Nous avançons vers cet état de choses. La littérature de l'époque en offre d'évidens symptômes. La raison et la vérité en sont chassées pour je ne sais quelles rêveries germaniques que le bon sens réprouve et dont le goût s'offense, espèce d'illuminisme littéraire auquel se sont laissé prendre même quelques hommes de talent. Ils bannissent la vérité comme une compagne importune, la raison comme un juge trop sévère, et obéissent sans murmure au capricieux despotisme de l'imagination. Leurs créations ressemblent à ces images fantastiques qui se dessinent sur les nuages, et se dissipent au gré des vents. C'est la littérature privilégiée ; celle où l'on obtient de petits succès et de grandes récompenses ; c'est la littérature du fanatisme ; elle convient aussi à la morale du pouvoir ; elle aime à se plonger dans les vieux cloîtres, dans les ténèbres du moyen âge, à recommencer l'enfance des peuples. Le despotisme ne saurait avoir d'instrument plus souple. Quand cette littérature dominera une nouvelle génération, nos saints du jour pourront lever les mains au ciel, et dire : « *Les temps sont accomplis.* »   A. J.

N°. III. — 13 *janvier* 1824.

TROISIÈME LETTRE.

LES CONTRASTES.

La France est le pays des contradictions
et des contrastes.
VOLTAIRE, *Dictionn. philosop.*

LE PÈRE E. J. AU PÈRE A. J.

S'IL était vrai, mon ami, comme le dit Raphaël Mengs, que le beau dans la nature et dans les arts est le résultat des oppositions et des contrastes, certes aucun peuple ne serait plus beau que le peuple français, et aucune ville plus belle que Paris; les contrastes, au moral comme au physique, y frappent de toutes parts l'esprit et les yeux : le génie et la sottise, la laideur et la beauté, la difformité et la grâce, la fierté et la bassesse, la franchise et l'hypocrisie, l'honnête homme et le méchant, le riche et le pauvre, l'or et la boue, le palais et la cabane, s'y montrent à chaque pas, et presque toujours accouplés pour rendre le contraste plus frappant. Néanmoins, je me permettrai cette fois, contre l'avis de l'auteur des *Réflexions sur le beau*, que je viens de citer, de croire avec Horace que du rapprochement immédiat des êtres d'une nature tout-à-fait opposée, il ne peut résulter qu'un ensemble monstrueux beaucoup plus propre à exciter la surprise que l'admiration. Si je voulais m'écarter un peu de mon sujet, je n'aurais pas de peine à vous prouver que l'abus du précepte de Raphaël Mengs a produit dans la littérature et dans les arts ce genre extravagant auquel on a donné le nom de *romantique*, et que l'abbé Leblanc a si bien défini dans ce passage de ses *Lettres sur les Anglais*.

« Déjà, dit-il, quelques-uns de nos artistes et de nos littérateurs ne se font plus scrupule de faire contraster la lune avec un dragon, une feuille de rose avec une aile de chauve-souris; ils ne suivent plus aucune règle dans leurs bizarres productions; après avoir entassé sans goût et sans choix des colonnes sur des chapiteaux, des rochers sur des plaines, des cascades dans un désert, ils croient avoir fait preuve d'une imagination sublime, s'ils ont placé dans quelque coin de ce chaos un amour épouvanté, et s'ils ont eu l'heureuse idée d'encadrer le tout dans une guirlande de fleurs : voilà ce qu'on appelle des peintures du nouveau genre. »

Mais je n'oublie pas que j'écris en dialecticien par excellence, et que vous seriez homme à vous apercevoir qu'à l'exemple de Montaigne, dont je n'aurais pas l'excuse, je dévie, dès les premiers pas, de la route que j'ai promis de suivre; ainsi donc, sans prolonger la discussion sur l'effet des contrastes, j'en reviens à dire que cette capitale est aujourd'hui plus que jamais la ville des contradictions et de l'antithèse, et qu'en parlant le langage du jour le moraliste le moins sévère a souvent l'occasion d'y répéter ce mot d'un jeune homme à sa maîtresse qui se moquait de sa femme, *aimable vice, respecte la vertu.*

Commençons par le contraste le plus révoltant; je le mets en action dans une scène dont j'ai été témoin il y a quelques jours. M. de Lezy est revenu d'Angleterre il y a cinq ou six ans, ramenant avec lui sa fille aînée, l'une des plus jolies personnes que j'aie vues de ma vie. Pendant l'absence assez ongue qu'avait faite M. de Lezy, sa femme était restée en France. La réunion des deux époux avait accru leur famille d'une seconde fille qui promettait d'être plus belle encore que sa sœur aînée : jugez de ma surprise en apprenant la semaine dernière que cette enfant, que j'avais vue quelques jours auparavant si bien portante, était attaquée d'une petite-vérole de la plus maligne espèce. Je courus chez M. de Lezy; je le trouvai, ainsi que sa femme et son autre fille, dans la chambre de la pauvre petite malade luttant contre l'affreuse maladie qui l'emporta deux jours après. Je ne vous parle point du désespoir de cette famille, et je ne prends de cette scène douloureuse que ce qui appartient à mon sujet.

J'entends, me dit M. de Lezy la première fois que je le revis après cette cruelle catastrophe, les reproches intérieurs que vous m'adressez et que la pitié laisse expirer sur vos lèvres : non, mon ami, ce n'est point mon imprévoyance qu'il faut accuser de mon malheur, c'est ma stupide faiblesse pour les préjugés de ma femme; j'ai voulu faire vacciner cette enfant un mois après sa naissance, comme l'avait été sa sœur, mais ni raisonnemens ni prières n'ont pu vaincre sur ce point la répugnance de madame de Lezy. Deux hommes, son médecin et son directeur, ont mis à profit mon absence pour s'emparer de son esprit, et pour lui prouver, l'un, que cette espèce d'inoculation, tout en préservant de la petite-vérole, pouvait devenir le germe de plusieurs autres maladies plus dangereuses; l'autre, que c'était contrarier les vues de la Providence que de chercher à se soustraire à un mal qui entrait nécessairement dans ses desseins. J'ai vainement essayé de dissiper ses craintes et d'opposer l'autorité d'une expérience de plus d'un quart de siècle aux chimériques terreurs d'une double superstition; j'ai sans cesse offert à ma femme l'exemple de sa fille aînée que la vaccine a si heureusement préservée du fléau qui menaçait sa sœur. Je n'ai jamais su résister aux pleurs d'une femme; j'ai compté sur les bienfaits du temps pour faire entendre raison à la mienne : vain espoir, la maladie s'est déclarée, et ma fille est morte! Dans son désespoir, madame de Lezy s'est jetée d'un extrême dans un autre; elle abjure la médecine et la Providence : la sagesse voulait qu'elle se contentât de changer son médecin et son directeur.

Pour observer un contraste tout aussi prononcé, mais moins affligeant, j'ai assisté le même soir à une séance de l'*Athénée* et à une séance des Bonnes-Lettres. Comment supposer que les orateurs et leur auditoire dans ces deux sociétés appartiennent à la même ville et à la même époque!

J'entre à l'Athénée; j'y trouve une assemblée nombreuse et choisie; j'entends successivement, et avec le même plaisir, deux habiles professeurs; l'un, profondément instruit dans les sciences physiques, invoque l'expérience des siècles et les progrès des lumières, dont il est un des plus zélés propagateurs, pour mettre à la portée de tous les esprits les grandes découvertes et les hautes vérités sur lesquelles se fondent les nouvelles doctrines; l'autre, fier de toutes les conquêtes de la raison humaine qu'il s'est appropriées par l'étude, donne la morale pour base à la politique, et fonde ainsi l'art de gouverner les peuples sur cette conscience universelle où les lois humaines ont leur principe, leur garant et leur juge. Les leçons et les discours de ces deux orateurs portaient l'empreinte d'une âme forte, d'un sens droit et d'un talent courageux.

L'esprit et le cœur préoccupés des grandes vérités que je viens d'entendre, j'arrive à la Société des Bonnes-Lettres, et je me crois transporté à *mille lieues* et du pays et de l'époque où je me trouve. Un disciple de Galien, abusant du don de la parole, définit la raison une lumière obscurcie, et s'évertue à combattre les doctrines de Locke et de Cabanis qu'il prêchait autrefois avec toute l'éloquence de la conviction : cet apôtre d'une philosophie cabalistique a pour mission de subtiliser la matière au point de la soumettre immédiatement à l'autorité spirituelle. Un plus vieil adepte de la science de *l'absolu* s'est chargé de la partie de l'histoire qu'il réduit à l'art de flatter la puissance et d'entonner le *Te Deum* quel que soit le vainqueur.

Rabelais peint à merveille l'éducation des enfans des rois quand il dit que Gargantua passa les dix premières années de sa vie à boire, manger et dormir; à manger, dormir et boire; à dormir, boire et manger; mais enfin cette éducation, très-bonne pour les princes qui n'ont pas autre chose à faire dans ce monde, n'est pas suffisante pour leurs sujets qui ont besoin de gagner la vie que leurs maîtres ont reçue gratis; il est à peu près prouvé qu'un peuple est d'autant plus vertueux, d'autant plus riche qu'il est plus instruit; ceux qui le gouvernent auraient donc intérêt à perfectionner son éducation s'il n'était également vrai que l'amour de la liberté est un résultat non moins certain du progrès des lumières: de là ces maximes contradictoires de la philosophie et de la politique, *Instruisez le peuple pour qu'il soit heureux, ne l'instruisez pas pour qu'il soit soumis;* de là aussi deux sortes d'enseignement dans un pays où les philosophes et les prêtres se disputent, depuis près d'un siècle, le privilége de l'instruction publique; de là enfin, ce contraste si choquant en France, au XIXe. siècle, de l'enseignement mutuel et des *écolâtres*. Il serait inutile de chercher à démontrer les avantages d'une méthode sur l'autre : c'est aux preuves qu'appartient maintenant la discussion, je leur laisse la parole.

Vous connaissez Vanière, notre ancien condisciple : c'est un homme qui avait juré de mourir sans renoncer à aucun de ses préjugés ; tel est son entêtement sur ce point, qu'avec un bon cœur et un esprit juste, à beaucoup d'autres égards, il en est encore à regretter la torture, les lettres de cachet, et la révocation de l'édit de Nantes ; je ne parle pas de la gabelle, son père était fermier général.

Nous disputions ensemble l'année dernière sur ces deux modes d'instruction populaire : j'avais épuisé vainement à l'appui de la cause que je soutenais toutes les ressources de la raison et de la logique ; à mes argumens les plus forts contre ses préjugés sa réponse était toujours la même : « La sagesse du siècle, me disait-il, consiste à traiter de préjugé tout ce qui gêne ses vices, et l'on a tout dit quand on a répété ce mot, d'un ton de supériorité qui ne blesse pas du tout mon amour-propre : je veux bien croire, ajouta-t-il, que je ne connais pas comme vous toutes les erreurs auxquelles l'esprit humain peut se livrer, mais je me persuade que je n'ignore aucune des vérités essentielles à son bonheur. — Vous me prouvez cette fois encore, lui dis-je, qu'on peut être aussi fidèle à l'erreur qu'à la vérité, lorsqu'on ne l'a pas reçue par l'impression de l'exemple et que les préjugés d'un homme d'esprit ne peuvent être déracinés que par l'expérience ; voulez-vous la prendre pour juge dans la question importante que nous discutons en ce moment ; je vous en offre le moyen : nous avons deux petits-fils du même âge, à quelques jours près, et nous songeons l'un et l'autre à commencer leur éducation ; eh bien, placez le vôtre dans une de vos maisons de la *doctrine*, à qui nous devons tant de grands hommes de la force de M. de P.......n; moi, j'enverrai le mien à l'école mutuelle, et d'aujourd'hui en un an, jour pour jour, nous réunirons à déjeuner mon petit Camille et votre petit Théodore, et nous leur ferons subir un examen qui nous mettra à même de juger et de comparer leurs progrès. Non content d'accepter le défi, Vanière y mit pour condition que celui de nous qui serait vaincu abandonnerait son opinion et adopterait pour son élève le mode d'enseignement que l'expérience d'une année aurait démontré le meilleur.

Dès le lendemain les deux enfans furent mis en pension, et l'année suivante, à pareil jour, un jury composé de quelques amis communs se réunit chez Vanière pour prononcer sur le degré d'instruction de Théodore et de Camille. Je n'ai pas besoin de vous dire, mon ami, que la supériorité la plus incontestable fut acquise à l'élève de l'école mutuelle ; celui-ci lisait couramment toutes les espèces de caractères imprimés ou manuscrits, écrivait correctement tout ce qu'il pouvait lire, savait d'une manière imperturbable les deux premières règles de l'arithmétique, tandis que l'élève des *frères* épelait encore ses mots et traçait à peine sur le papier quelques jambages informes. Vanière, obligé d'avouer la défaite de Théodore, croyait du moins réclamer pour lui l'avantage de l'instruction chrétienne, mais à sa grande confusion l'élève des écolâtres resta sur ce point même beaucoup au-dessous de son petit concurrent. Vanière s'est rendu de très-bonne grâce à l'évidence : nos deux enfans sont aujourd'hui dans la même école mutuelle d'où ils sortiront à dix ans presque aussi savans que le prototype des frères ignorantins l'est à soixante.

La France aujourd'hui ne ressemble pas mal à ces *Silènes* (espèce de statues risibles au dehors, et qui renfermaient au dedans des images divines) auxquels Alcibiade comparait Socrate.

Ce jeune homme a vingt ans, et se rappelle qu'au sortir de l'enfance on ne lui parlait que de victoire, de patrie, de grandeur nationale, de lumières acquises, de vertus philosophiques; mais il regarde autour de lui, et les objets qui l'entourent ne lui offrent que des images de défaite, de corruption, de fanatisme, d'avarice et d'ignorance : il ouvre le Silène : quel contraste du dedans avec le dehors! Voltaire et l'abbé de La Mennais, des vaisseaux à trois ponts et le coche d'Auxerre, les jésuites et les jolies femmes, la lumière et les ténèbres, la philosophie et la superstition, la liberté et les gendarmes.

E. J.

N°. IV. — 20 *janvier* 1824.

QUATRIÈME LETTRE.

NOUVELLES DES CHAMPS ÉLYSÉES. — COLONIE DES ROIS.

Largior hic campos æther et lumine vestit
Purpureo; solemque suum, sua sidera norunt.

VIRGILE.

(Un air pur, une douce lumière, rendent ces campagnes riantes : ceux qui les habitent ont leur soleil et leurs astres.)

JE viens de recevoir, par voie extraordinaire, mon cher hermite, quelques nouvelles intéressantes des Champs Élysées. Il ne s'agit de rien moins que d'une grande révolution dans le quartier des rois. Mais, avant d'aller plus loin, il faut que je vous conte de quelle manière ces nouvelles me sont parvenues. Si je gardais le silence à cet égard vous m'accuseriez de vous débiter des fables. Quand vous aurez lu les détails suivans, vous ne douterez plus de ma véracité.

Je vous ai déjà raconté comment je fus saisi, il y a quelque temps, du vif désir de mériter une place parmi les illustres écrivains de la littérature romantique. Son triomphe n'était plus douteux. Des succès récens annonçaient la chute de la vieille école; on trouvait Racine faible, Voltaire timide et Crébillon doucereux; d'un autre côté, Shakspeare, Caldéron, Lope de Véga, Goëthe, Schiller, conduits par M. W. Schlegel, envahissaient nos librairies, et s'avançaient en colonne serrée à la conquête de notre théâtre; Lesage était oublié pour Walter-Scott, et la *Revue d'É-*

limbourg nous accusait de manquer de génie; c'était un *houra* général sur notre littérature.

« Allons, me dis-je à moi-même, il est inutile de lutter contre le torrent. J'ai trop long-temps admiré Horace, Quintilien et Boileau; je me livre en aveugle aux conseils de M. W. Schlegel; j'embrasserai la religion littéraire réformée. Ses principes me paraissent assez commodes. Mon génie, et je dois en avoir tout comme un autre, prendra l'essor, s'affranchira des règles que j'avais considérées jusqu'ici comme la législation du goût dictée par la raison et confirmée par l'expérience. Je me ferai un monde idéal que j'arrangerai à ma fantaisie sans que personne y trouve à redire; je lâcherai les rênes à mon imagination, qui ne demande pas mieux que d'errer à l'aventure dans la région des chimères. Il faudra qu'elle soit bien malheureuse, si elle ne rencontre pas sur sa route quelques lutins remplis de malice, quelques spectres propres à effrayer les esprits crédules, ou bien quelques-uns de ces brigands héroïques qui rendent le crime si intéressant. Avec de pareils personnages, accompagnés d'une vierge timide, d'un démon ou d'un bourreau, je produirai des effets extraordinaires, et l'on ne pourra me refuser le glorieux titre d'écrivain romantique. »

Enflammé d'une si noble espérance, je me décidai à faire une ample provision de rêveries sentimentales et de pensées mélancoliques. Je commençai des promenades solitaires au clair de la lune, choisissant, autant qu'il m'était possible, des lieux élevés ou de vieilles ruines. Je notais avec soin le chant des hiboux, et le bruit du vent à travers le feuillage des arbres et les grandes herbes de la prairie; j'y reconnaissais les harmonies de la nature. Il me vint même à l'idée d'aller faire un tour, pendant la nuit, au cimetière du P. Lachaise. C'est là que je me proposais d'amasser des trésors de mélancolie, de me monter l'imagination au milieu des tombeaux, et de me précipiter dans l'inconnu.

Moyennant un léger salaire, le gardien de cet enclos funèbre me permit d'obéir à cette heureuse inspiration. J'errais donc silencieusement au milieu des marbres et des épitaphes, lorsqu'un léger bruit se fit entendre auprès de moi; je ne pus me défendre d'un certain frémissement; je restais immobile et plein d'anxiété : bientôt une tombe s'entr'ouvre, comme par enchantement, et j'en vois sortir une figure qui m'aurait singulièrement effrayé si je ne l'avais reconnue. C'était M. Suard [1], qui ne me pa-

---

[1] Académicien, homme de goût, d'esprit et de paresse. Ses notices et ses rapports formeraient un recueil intéressant.

rut pas très-changé. « Soyez le bienvenu, me dit-il, je m'attendais à votre visite; elle était marquée dans le livre du destin, dont, comme Virgile vous l'a appris, toutes les pages nous sont ouvertes. Je vous attendais au passage, par ordre supérieur. Prenez ces manuscrits, c'est un dépôt précieux dont vous rendrez compte un jour. » Pendant ce discours, je m'étais remis de mon premier mouvement de frayeur. « Je suis charmé de vous revoir, répondis-je à M. Suard; comment vous trouvez-vous là-bas? comment se portent M. l'abbé Morellet et M. le cardinal Maury? Avez-vous quelque commission à me donner sur la terre? votre âme aurait-elle besoin de quelques pieux secours? » — « Vos questions sont indiscrètes, répliqua M. Suard avec solennité. Nous sommes avares de paroles : ne cherchez pas à pénétrer des mystères impénétrables, contentez-vous de ce qu'on veut bien vous révéler. Adieu. » A ces mots M. Suard rentra dans son monument, dont le marbre, en retombant, me fit tressaillir. Je me hâtai de quitter ces lieux, de peur de quelque nouvelle apparition ; il me semblait que j'avais à ma suite tous les habitans de l'autre monde.

Lorsque je me retrouvai dans la solitude de mon cabinet, je déroulai les papiers dont j'étais involontairement devenu dépositaire : c'était une suite de journaux des Champs Élysées. Ils rendaient compte des grands événemens qui venaient de se passer dans ce monde ordinairement si pacifique. Une révolution avait éclaté dans l'enceinte dite *des Rois*. Aucun de ces augustes personnages ne voulait obéir ; les héros surtout et les conquérans se croyaient au-dessus des lois communes : leurs prétentions avaient troublé la paix publique du royaume de Pluton. C'est en vain que Mercure avait déployé toutes les ressources de son éloquence pour leur faire entendre raison ; l'agitation marchait rapidement, et le monarque des sombres bords avait été forcé de convoquer son conseil privé pour prendre en considération cette importante affaire. Rhadamante était chargé du rapport.

Ce digne magistrat exposa avec une rare impartialité l'origine et les progrès de l'insurrection. « Dans tous les temps, dit-il, le quartier des empereurs, des rois et des héros a été sujet à l'anarchie. Il était naturel de penser que le gouvernement monarchique conviendrait à ces ombres royales ; mais l'expérience nous a détrompés ; le moindre roitelet a l'ambition de porter le sceptre ; et, hors quelques philosophes, en très-petit nombre, il n'est aucun d'eux qui veuille se contenter des douceurs de la vie privée : il leur faudrait à tous un monde à gouverner. On s'était flatté de prévenir tous es débats en les faisant régner à tour de rôle; mais le moment de l'abdication est toujours critique : vous savez toutes les peines que nous avons eues pour décider Alexandre, Constantin, Charlemagne, Louis XIV, Pierre l'Hyperboréen, Frédéric le Borusse, à céder le trône; et pour empêcher Jules César d'usurper une seconde fois l'autorité suprême. Voilà qu'il nous arrive aujourd'hui, d'un rocher de la mer d'Afrique, un nouveau conquérant d'une humeur plus difficile encore, et qui affecte la suprématie sur toutes les ombres couronnées. Il leur intime ses ordres comme s'il était encore sur la terre dans toute la splendeur de ses triomphes; il a la parole haute et brève; son regard d'aigle et son geste impérieux annoncent l'habitude de la domination. Il n'aspire à rien moins qu'à devenir le chef de l'empire : son nom de guerre est Bonaparte, et il se fait appeler l'empereur Napoléon.

» Depuis son arrivée, l'enceinte royale des Champs Élysées est en proie à une plus violente agitation. Vous savez que le calme le plus profond règne dans les autres parties de cette heureuse vallée. Nous n'avons aucune plainte à former contre les philosophes, qui se nourrissent tranquillement de métaphysique; les savans se reposent avec délices de leurs travaux intellectuels; les orateurs et les poëtes eux-mêmes vivent en paix. J'ai vu avec plaisir, dans ma dernière tournée, Platon et Aristote, Homère et Virgile, Euripide et Aristophane, Démosthène et Cicéron, Descartes et Newton, discourir ensemble avec amitié. Mirabeau et l'abbé Maury ne se quittent pas; et ce qui m'a paru plus édifiant encore c'est l'union intime qui règne entre Bossuet et Fénélon, Pascal et Bourdaloue.

» Mais nous devons craindre la contagion de l'exemple. Si les troubles civils dont je viens de parler s'étendaient dans les autres parties de l'Élysée, l'empire des morts serait en combustion; il faudrait, pour rétablir l'ordre, recourir à des coups d'état qui sont rarement d'accord avec la justice, et dont le Destin nous interdit l'usage. Voilà l'état réel des choses; il ne s'agit plus que de trouver les moyens de faire cesser cette anarchie royale.»

Rhadamante déposa son rapport sur le bureau, et Minos demanda la parole. « Chacun doit sentir, dit-il, la nécessité d'étouffer sans retard l'esprit révolutionnaire qui fermente dans l'enceinte des Rois. Cet esprit est essentiellement communicatif; il met en jeu toutes les passions; il flatte les intérêts du plus grand nombre; et si nous restions inactifs dans une occurrence si périlleuse, la révolution, il n'en faut point douter, ferait le tour des enfers. Il est fâcheux que l'ordre du Destin nous empêche de déployer nos forces, et que la porte des Champs Élysées soit à jamais fermée à notre Cerbère et à nos furies. Mais, puisqu'il en est ainsi, cherchons quelque autre moyen d'apaiser une insurrection qui menace notre repos. Avant de nous arrêter à aucune mesure, je serais d'avis d'appeler auprès de nous quelques-uns de ces rois dont l'histoire vante les lumières et la sagesse, tels que Marc Aurèle, Antonin le Pieux, Alfred d'Angleterre et Henri IV de France ; ils pourraient nous donner de bons conseils. »

L'opinion de Minos ayant été adoptée à l'unanimité, Pluton chargea Mercure, premier messager d'état, d'aller chercher les personnages désignés, et la séance fut un moment suspendue.

Bientôt arrivèrent les grands rois qui devaient éclairer de leurs lumières le conseil de Pluton. L'affaire fut de nouveau exposée devant eux, et on leur demanda ce qu'ils en pensaient. Ils étaient tous d'une même opinion, et prièrent Marc Aurèle de prendre la parole, comme celui d'entre eux qui avait cultivé avec le plus de succès l'éloquence et la philosophie.

« Le mal dont vous vous plaignez, dit Marc Aurèle, ne s'apaisera que par une réforme complète de notre organisation sociale. Vous avez jugé qu'ayant été souverains sur la terre nous devions être attachés aux formes du gouvernement monarchique, et c'est en cela que consiste votre erreur. Sans doute nous aimons la monarchie, mais c'est à condition que nous serons monarques : demandez-le à Jules César, qui aurait mieux aimé être le premier dans son village que le second dans Rome. Nos reines elles-mêmes sont très-peu portées à la subordination. Sémiramis, Zénobie, Élisabeth, Catherine, m'ont donné plus de peine, lorsque mon tour de régner est venu, que les héros les plus turbulens. Elles étaient toujours prêtes à se mettre en révolte. Il n'y a jamais eu de sédition dans laquelle elles ne soient entrées avec ardeur. Les moyens les plus extrêmes ne répugnent pas à ces dames lorsqu'il s'agit d'obtenir ou dé conserver le pouvoir. Ce qui les irrite le plus, c'est de ne jamais régner; car il n'y aurait plus moyen de contenir nos confrères les conquérans, si le gouvernement tombait en quenouille, et qu'ils fussent forcés de se soumettre aux lois d'une femme. Ces reines, dévorées d'ambition, seront donc toujours mécontentes et troubleront sans cesse notre repos.

» Avec tout le respect que je dois au puissant monarque des enfers, je me permettrai de reprocher à ses ministres un acte singulier d'imprévoyance. (*Murmures au centre de l'assemblée.*) Il me semble que j'entends quelques murmures. Je n'ignore pas que la vérité offense les dépositaires du pouvoir, qu'ils préfèrent des paroles flatteuses au langage de la franchise ; mais, en ma qualité d'empereur philosophe, je ne mets jamais de voile sur ma pensée, et je vais l'exprimer sans détour.

» Lorsque les ombres des fragiles humains arrivent dans ces contrées souterraines, on leur fait boire une coupe d'eau du Léthé. Cette mesure suffit pour le vulgaire des mortels, mais non pas pour nous qui avons ceint le diadème. Les habitudes du commandement, les souvenirs de l'empire, sont mille fois plus profonds, plus invétérés que toutes les autres affections de l'âme. Ils ne nous quittent jamais pendant la vie, et nous suivent même après notre mort, dans nos grands tombeaux couverts de trophées d'armes et de couronnes. Une seule coupe d'eau puisée dans le Léthé ne peut en affaiblir les traces. C'est là ce qu'aurait dû prévoir le ministère de sa majesté; il ne se plaindrait pas de notre enceinte s'il avait eu la précaution de doubler, de tripler la dose, et de nous faire avaler à longs traits cette onde salutaire. (*Mouvement d'adhésion.*)

» Cette faute n'est pas irréparable; mais je reviens au fond de la question. En admettant comme principe l'aversion des rois pour le système monarchique, il sera facile de conclure que lorsqu'ils sont réunis ils ne sauraient supporter d'autre gouvernement que le républicain. J'ai souvent entendu les monarques qui ont exercé le pouvoir le plus absolu s'exprimer comme de fougueux démocrates, et, ne pouvant dominer, réclamer avec énergie les bienfaits de la liberté et l'égalité des droits. Je pense donc que l'unique moyen de nous maintenir en paix est d'organiser notre société en république.

» J'indiquerai une autre mesure accessoire qui me paraît utile, ce serait d'éloigner l'enceinte royale de celle des poëtes et des ministres d'état. Ces deux espèces d'esclaves, fidèles à d'anciennes habitudes, flattent encore en vers et en prose les ombres de leurs maîtres, et nourrissent ainsi leur orgueil. Il n'y a si petit roi fainéant qui n'ait eu quelques rimeurs à sa solde, et qui, sur la foi de leurs poésies, ne se regarde comme un héros magnanime ou un demi-dieu. De tels sentimens ne peuvent s'accorder avec la soumission à l'autorité légitime et le respect des lois.

» Enfin, pour éviter à l'avenir les désordres qui s'élèvent toujours parmi nous à l'arrivée des nouveaux venus, je serais d'avis, si toutefois cela ne contrarie pas la volonté suprême du Destin, qu'on rédigeât un journal officiel de la révolution républicaine qui va s'opérer, et qu'on le transmît aux habitans de la terre; alors tout le monde serait averti, nous n'aurions plus rien à craindre des conquérans futurs. »

Ainsi s'exprima Marc Aurèle avec l'approbation d'Antonin, d'Alfred et de Henri. Minos le remercia, au nom de Pluton, des renseignemens précieux qu'il venait de donner, et les princes furent admis sans difficulté aux honneurs de la séance.

Aucune objection ne s'étant élevée contre les propositions de Marc Aurèle, il fut arrêté en principe, 1°. que le quartier des rois serait régi par une constitution républicaine; 2°. qu'on transporterait cette colonie dans l'île des Asphodèles, située à l'extrémité occidentale du Léthé, et où il ne serait permis à aucun poëte de pénétrer; 3°. que chaque ombre royale, en passant dans l'île, boirait une coupe additionnelle de l'eau du fleuve; 4°. qu'un journaliste expérimenté tiendrait compte des faits, et qu'on aviserait aux moyens de leur donner la plus grande publicité dans le monde des vivans.

Mercure, Minos, Éaque et Rhadamante ayant été chargés du mode d'exécution, la séance fut levée. On procéda sans retard à l'élection du secrétaire-rédacteur. Éaque se transporta au quartier des écrivains périodiques, et, après des informations précises, son choix tomba sur M. Suard, qui depuis long-temps était rompu aux labeurs du secrétariat et à l'éloquence du rapport. Marmontel s'était mis sur les rangs; mais on craignit que l'habitude de faire des contes n'influât sur la véracité de l'historien.

Dès le même jour, car tout se passe très-vite dans l'autre monde, Mercure, faisant l'office de héraut, convoqua les empereurs, les rois et les autres princes souverains dans une vaste prairie, et leur fit connaître l'ordonnance de réformation, ainsi conçue :

« Pluton, par la grâce du Destin, autocrate de l'empire des morts, ouï le rapport de notre ministre secrétaire d'état au département de la justice, et de l'avis de notre conseil privé, avons ordonné et ordonnons ce qui suit :

» Art. Ier. Les citoyens de notre province, dite l'*Enceinte royale*, sont égaux en droits. Les titres honorifiques, tels que ceux de majesté, de sainteté, de fils du soleil, de cousin de la lune, de roi des rois, sont abolis à perpétuité.

» Art. II. Toutes les ombres couronnées passeront dans l'île des Asphodèles, où leur résidence future est fixée par le Destin; et, suivant le vœu de ce peuple, une charte républicaine lui sera octroyée.

» Art. III. Aussitôt après l'arrivée des nouveaux colons, ils se réuniront au *Forum* pour procéder à l'élection du président de la république; ce magistrat ne pourra être nommé que pour cinq mille ans.

» Art. IV. Le président, une fois élu, recevra en dépôt le code de la république, et procédera sans délai à l'organisation des différens pouvoirs. Toutes les résolutions se prendront à la majorité absolue des voix.

» Art. V. Les dispositions de notre charte, loyalement octroyée, seront aussi obligatoires les unes que les autres. Si quelque ombre, pleine de témérité, s'avisait de faire des distinctions entre les divers articles, et portait ainsi atteinte à la sécurité publique, elle sera immédiatement chassée de l'île et condamnée à errer sur les bords du Styx pendant l'espace de temps qui sera déterminé par la loi.

» Art. VI. Notre ministre de la marine, Caron, est chargé de pourvoir au transport des ombres royales à l'île susdite, et de faire avaler à chacune d'elles une coupe d'eau du Léthé. Les rois qui ont aimé leurs peuples sont seuls exceptés de cette mesure ; il serait injuste d'affaiblir un souvenir si doux, et qui est une partie de leur félicité. La liste peu nombreuse en sera dressée par Ascalaphe, notre grand archiviste de l'empire.

» *Signé*, Pluton.

» *Contresigné*, Minos. »

Cette proclamation terminée, il se fit un murmure général d'approbation dans l'assemblée : le vulgaire des rois n'aspirait qu'à la tranquillité ; les reines remarquaient

DES CHAMPS ÉLYSÉES. 87

ec plaisir qu'elles n'étaient point exclues
e la présidence, et se flattaient d'enlever
ar la séduction un grand nombre de suf-
ages. Les conquérans seuls avaient un
eu d'humeur; mais ils se consolaient en
éfléchissant que les gouvernemens popu-
ires sont peu stables de leur nature, et
ju'en flattant les passions de la multitude
n la réduit à l'obéissance avec autant de
acilité qu'un habile écuyer discipline et
nonte un cheval fougueux; ils comptaient
ur leur expérience à cet égard, et se rap-
elaient parfaitement les moyens qu'ils
vaient mis en usage pour opprimer la li-
erté des peuples.

Les préparatifs de l'émigration achevés, Mercure, son caducée à la main, fit ranger les ombres en trois divisions. La droite, composée des héros et des conquérans, ne formait qu'une seule ligne, nul d'entre eux ne voulant céder le pas à un autre. A gauche, marchaient les bons rois, parmi lesquels on remarquait Louis VI, Louis IX, Charles V, Louis XII, Henri IV et Louis XVI, ils paraissaient heureux d'être réunis; une auréole lumineuse brillait sur leurs fronts radieux.

Au centre, se trouvaient réunies toutes les grandeurs oubliées, toutes les majestés inconnues, tous les princes qui, pendant leur vie, avaient servi d'instrument à une faction, obéi en esclaves à d'insolens courtisans ou à d'avides courtisanes. Là se trouvaient aussi les rois dont l'existence n'est pas historiquement prouvée. La direction de cette bande était confiée au bon petit roi d'Ivetot, dont l'ombre peu majestueuse ressemblait un peu à celle de Sancho Pança.

Un concours immense d'habitans de l'Élysée s'était réuni pour voir défiler ce magnifique cortége. Jamais spectacle aussi imposant ne fut offert à la curiosité publique. Toutes les fois que l'ombre d'un monarque, renommé pour sa justice, sa clémence, son amour de la paix, son horreur pour la tyrannie, venait à passer, la harpe des bardes, la lyre des poëtes, faisaient entendre les sons divins; on jetait des fleurs sur son passage, et un doux concert de bénédictions s'élevait de toutes parts. Mais un morne silence régnait à l'aspect des rois qui firent répandre des flots de sang, et dont l'ambition ravagea la terre; il n'était pas même permis à leurs poëtes lauréats d'élever la voix; ainsi l'avait ordonné Minos, le redoutable juge des morts.

Les reines, au front soucieux, à la démarche altière, jetaient sur la foule un regard de dédain. Tout à coup Élisabeth baissa les yeux et tressaillit à la vue de l'ombre d'Essex, qui se trouvait parmi les spectateurs; Jeanne de Naples et Marie

Stuart marchaient seules, plongées dans une profonde mélancolie. Sémiramis et Catherine se tenaient par la main, comme si une parfaite conformité d'humeur avait resserré entre elles les liens de l'amitié.

Les barques étaient préparées pour le transport de la royale colonie. Caron servait de pilote et d'échanson ; il présentait la coupe aux ombres qui devaient boire de l'eau du fleuve. Comme l'ordre du Destin était formel, personne ne fit de résistance ; tous ces rois passèrent sans accident dans l'île des Asphodèles. On remarquait parmi eux un prodigieux changement ; il ne restait plus dans leur mémoire que de faibles traces de leurs passions terrestres ; des communications amicales s'établissaient entre eux ; leurs souvenirs n'étaient plus mêlés d'orgueil et de jalousie. Telle était la disposition des esprits lorsque Mercure appela au Forum les citoyens de la nouvelle répu-

…lique, et leur enjoignit de procéder à l'é-ection d'un président.

Il y eut d'abord un peu de tumulte; chaque pays voulait avoir l'honneur de la présidence. Les rois de l'Asie proposaient Cyrus; les Grecs, Alexandre; les Romains balançaient entre Numa, Marc Aurèle et Julien le Philosophe; la Germanie présentait Frédéric II et Joseph d'Autriche; la Suède, Gustave Adolphe; la Pologne, Sobieski; la Russie, Pierre Ier.; la Turquie, Soliman le Magnifique; l'Italie, Théodoric; l'Espagne, Charles-Quint, et la France, Henri IV. Plusieurs orateurs avaient occupé la tribune avec distinction, lorsque Napoléon Bonaparte demanda la parole. (*Mouvement de curiosité et profond silence.*)

« Citoyens, dit Napoléon, ne soyez pas surpris si, malgré mon arrivée récente au milieu de vous, je monte à cette tribune; j'ai l'habitude de parler à des rois; je connais mieux que personne les moyens de persuasion qu'il faut employer auprès d'eux, et je puis dire sans orgueil que pendant mon séjour sur la terre je m'en suis servi plus d'une fois avec succès. (*Murmures au coté droit.*) Je sais aussi comment on apaise les révolutions, et de quelle manière on guérit les peuples de l'anarchie; ainsi, les conseils de mon expérience ne sont pas à dédaigner. Vous avez résolu de former votre société en république, et vous êtes divisés sur le choix d'un président. Cette division peut avoir des suites fâcheuses, et il est difficile d'en assigner le terme. Permettez-moi de vous faire observer que tous tant que nous sommes, nous avons exercé le pouvoir absolu, dont l'habitude et les traditions s'accordent mal avec la soumission aux lois que le chef d'une république doit regarder comme son premier devoir.

» Vous avouerez avec moi que pour diriger les affaires d'une naissante république, il faut un magistrat ami de l'égalité, de la liberté, sans ambition personnelle, et qui ne considère son avénement au pouvoir que comme un fardeau, comme un sacrifice de son indépendance à l'intérêt de la société. J'ai connu trop tard ces vérités ; si j'avais eu, à une certaine époque, les lumières que j'ai acquises par mes revers, et le calme des passions que j'éprouve depuis que j'ai bu une seconde fois de l'eau du fleuve d'oubli, je serais aujourd'hui plus qu'un conquérant ; le saule de Sainte-Hélène ne courberait pas son feuillage hospitalier sur la pierre agreste qui protége mes cendres exilées ; elles reposeraient au sein de la patrie. (*Applaudissemens à gauche.*)

» J'avais cependant un modèle devant les yeux. (*L'attention redouble.*) Ce modèle, vous le connaissez tous ; sa gloire, aussi pure que la lumière du jour, brillera dans tous les siècles d'un vif éclat; cet homme, c'est le grand Washington, fondateur de la liberté américaine. Un moment je fus tenté de suivre ses traces : je fis prononcer son éloge par un de mes orateurs les plus éloquens. Mais de fausses idées politiques, l'amour immodéré des conquêtes, les puissantes émotions du champ de bataille, égarèrent mon jugement : je prêtai l'oreille aux discours de la flatterie, aux perfides insinuations d'hommes qui devaient me trahir un jour. Au lieu d'être le premier citoyen d'une nation libre, je voulus fonder une dynastie impériale et dominer les rois ; la punition a été sévère. (*Murmure général d'approbation.*)

» Écoutez la proposition que j'ai à vous faire, elle est dictée par l'intérêt général ; elle préviendra, si vous l'adoptez, les di-

visions qui existent parmi vous. Que chacun oublie entièrement ses prétentions personnelles; que tous se réunissent pour offrir à Washington la présidence de notre république. Nous profiterons de son expérience; nous suivrons ses conseils, nous tâcherons d'imiter ses vertus, et peut-être serons-nous un jour dignes de lui succéder. »
(*Applaudissement général.*)

Cette proposition inattendue, qui imposait silence à toutes les rivalités, excita un enthousiasme général. L'orateur, en descendant de la tribune, reçut les félicitations de ses collègues. Personne ne demandant la parole pour combattre son opinion, Mercure, en vertu de ses pleins-pouvoirs, annonça qu'il allait se rendre lui-même au quartier des grands citoyens, pour annoncer le résultat de la délibération. Il reparut bientôt suivi de Washington, dont la modestie s'était d'abord révoltée contre la proposition, mais qui n'avait pu résister à la volonté immuable de la destinée.

Des acclamations unanimes s'élevèrent à l'aspect du vénérable patriote américain; les ombres royales s'inclinèrent devant lui, et l'on procéda immédiatement à son installation. »

Tels sont les détails renfermés dans les papiers dont le dépôt a été remis à ma bonne foi. Je les publie sans y ajouter aucune réflexion. On lit ces mots à la fin du journal : *La suite au prochain numéro.* J'ai cependant hésité quelque temps avant de livrer ces papiers à l'impression ; mais après avoir examiné chaque pensée, médité sur chaque expression, et pesé mûrement chaque syllabe, je me suis convaincu qu'ils ne renfermaient aucune atteinte à la morale publique, et j'en ai risqué la publication ; je me propose même de faire quelques nouvelles visites au cimetière du Père de Lachaise; je ne serais pas fâché d'entretenir une correspondance régulière avec le monde invisible. On gagne toujours quelque chose à détourner son âme et sa pensée du monde réel. A. J.

Tom. I. Les Hermites en liberté 3e. édit.

N°. V. — *27 janvier* 1824.

CINQUIÈME LETTRE.

LES POURQUOI.

>Que sais-je ?
>MONTAIGNE.

Un de mes plus vieux amis est tombé dans une singulière espèce de folie : à toutes les demandes qu'on lui adresse, à toutes les observations qu'on lui fait, il ne répond guère que par un mot : *pourquoi?* Ces deux syllabes sont devenues les ritournelles obligées de tous ses discours. Soit qu'il parle de religion, de morale, de politique, de science ou de littérature, sa phrase la plus raisonnable, sa pensée la plus juste, la plus claire, est tout à coup brisée par cette interrogation fatale. Je passe rarement une semaine sans lui rendre visite; à l'intérêt que je lui porte, se joint, il faut bien que j'en convienne avec vous, le désir d'observer et de suivre les progrès de cette maladie de son intelligence.

Je trouvai dernièrement mon pauvre ami Gérard de B.... dans sa petite maison de Passy : la demeure du nécromancien qui a fourni à Rembrandt le sujet de son joli tableau, n'est pas plus bizarrement pittoresque. Au fond d'un belvéder, dont les draperies d'un violet sombre éteignaient le jour et faisaient une véritable chambre obscure, l'ami Gérard était assis dans un fauteuil gothique; près de lui, sur un guéridon en forme de trépied, brûlait une lampe dont la clarté douteuse se mêlait à la lueur non moins équivoque qui pénétrait dans ce réduit. Sur une grande table dont une partie se rabattait sur les longs bras d'un fauteuil qui lui servaient de supports étaient placés un astrolabe, des récipiens, des cornues, plusieurs instrumens de physique, des débris d'histoire naturelle et quelques livres épars. La fourrure dont il était enveloppé, sa barbe qu'il avait laissée croître, son attitude méditative, et l'étrangeté de tant d'objets, contribuaient à lui donner l'air d'un vieux sorcier en retraite qui préparait une évocation.

« C'est vous, me dit-il, en se soulevant à demi... Pourquoi ?... — Parce que je vous ai toujours aimé, et que je m'intéresse à vous. — Pourquoi vous intéresser à moi ? je ne m'intéresse à rien, à personne. — Eh pourquoi cela, mon ami ? — Ah ! pourquoi !... Voilà le mot.

Felix qui potuit rerum cognoscere causas.

Asseyez-vous, et causons. »

Son mot favori, qui m'était échappé, flattait sa manie, et me donna l'occasion de reconnaître, en l'écoutant, la vérité de cette réflexion de Montaigne :

« Rien ne touche à la plus haute folie comme la plus haute sagesse; il n'y a de l'une à l'autre qu'un tour de cheville. »

« Oui, sans doute, continua Gérard, heureux, mille fois heureux, celui qui peut connaître le pourquoi des choses! Mais, *quis potest?* tout n'est-il pas incertitude, et mystère? Qu'est-ce que la vie? qu'est-ce que la mort? pourquoi naître? pourquoi souffrir? le passé, le présent, l'avenir, qu'est-ce que ces mots signifient? je veux le savoir; et si je dois ignorer toutes ces choses, pourquoi m'avoir donné le désir de les connaître?

» J'ai passé ma vie à demander compte à la nature de l'ignorance où elle me laisse ; j'ai interrogé toutes les sciences, et toutes m'ont répondu que les causes finales leur étaient cachées : si le monde physique est inexplicable à mes sens imparfaits, du moins, m'étais-je dit, l'être moral ne se dérobera pas à cette conscience éternelle dont je sens en moi la divine émanation. Qu'est-ce donc que le bien et le mal, le juste et l'injuste, le vice et la vertu ? Autre mystère du cœur où la raison, effrayée de ses propres découvertes, s'arrête encore dans un doute insupportable.

» Fatigué de ce vol hardi dans un espace sans mesure et sans limite, je suis redescendu sur la terre que j'ai parcourue en tous sens pour chercher le pourquoi des coutumes, des mœurs, des institutions, des gouvernemens, chez les différens peuples; partout absurdités, folies et contradictions !

les Chinois adorent ce que les chrétiens méprisent, les lois commandent à Benarès ce qu'elles punissent à Lisbonne ; là vous pouvez épouser autant de femmes que vous pouvez en nourrir ; ici vous ne pouvez en avoir qu'une, et vous êtes condamné à mourir sans enfant si par hasard elle est stérile ; j'ai dépensé la plus grande partie de ma vie et de ma fortune dans des courses lointaines, où je n'ai rien appris, sinon qu'on peut devenir crédule par bêtise, après avoir été incrédule par présomption.

» A soixante ans, j'ai tout vu, tout senti, tout essayé, et j'ai trouvé avec désespoir que tout était vide, que rien n'était vrai sur rien, et que l'homme le plus savant est celui qui s'aperçoit le plus tôt que la vie n'est qu'une longue mystification dont la mort, à tout prendre, est encore le trait le moins absurde.

» La curiosité fit le tourment de mon enfance ; j'interrogeais avec franchise, on me répondait sans bonne foi, et je faussais ma débile intelligence en cherchant la vérité sur la route de l'erreur où l'on égarait mes premiers pas : l'amour, qui dévora ma jeunesse, me laissa convaincu qu'il ne nous concentre en nous-mêmes que pour nous rendre plus complétement malheureux, et qu'il n'est plus un plaisir dès qu'il cesse d'être une folie.

» Dégoûté de ce roman, j'étudiai l'histoire ; dégoûtant amas d'absurdités, de bassesses et de mensonges ! Mais pourquoi tous ces écrivains semblent-ils s'être donnés le mot pour accréditer des erreurs ? Bayle me répond : « lorsqu'ils voulaient dire la vérité, ils ne le pouvaient pas ; lorsqu'ils ont pu la dire, ils ne le voulaient plus. » Eh! misérarables, que vous revient-il aujourd'hui d'avoir flatté le lâche Octave et flétri la mémoire du grand Julien ?...

» De toutes les études, celle de l'homme est la plus positive et la plus nécessaire. A l'exemple de Montaigne, je fis de moi-même l'objet de mes observations et de mes expériences : quel en fut le résultat? Que l'homme est un énigme sans mot, un composé bizarre de mouvement sans but, de passions sans objet et de désirs sans terme. Découragé d'une existence inexplicable que rien ne motive, que rien ne console, je me suis assuré par moi-même qu'il n'y a pas d'homme à qui la vie ne pèse autant qu'à celui à qui il n'en coûterait plus rien pour la perdre. »

— « Je vous ai bien écouté, lui répondis-je avec l'expression du plus vif intérêt, et je vois, mon cher Gérard, que la pénétrante activité de votre esprit vous est devenue fatale : né quelques siècles plus tôt vous eussiez cherché dans l'astrologie, comme cet adorable Julien dont vous me parliez tout à l'heure, les moyens de satisfaire au besoin insatiable de tout savoir, de tout comprendre, qui fait le tourment de votre vie.

» Une ambition surnaturelle vous porte à demander au passé, à l'avenir, l'explication des mystères que la raison humaine ne saurait pénétrer : vous vous révoltez contre l'imperfection de votre nature ; mais pourquoi, vous demanderai-je à mon tour, ne donneriez-vous pas à votre intelligence une direction plus utile à vous-même et aux autres? Laissez là toutes vos théories spéculatives, sur le passé qui n'est plus, sur l'avenir qui peut ne pas être; occupez-vous du présent qui vous appartient. — Il me semble entendre un médecin dire au malheureux qui souffre : enivrez-vous pour vous étourdir sur vos douleurs. Ce présent, auquel vous voulez que je m'applique, n'est-il pas aussi effrayant que le passé, aussi obscur que l'avenir? J'ai passé un moment derrière le théâtre, j'ai vu mettre en place les décorations, jouer et s'habiller les acteurs de cette farce tragi-grotesque, dont le hasard, sous le nom de politique, dispose les scènes à tiroir; je n'y ai rien compris.

» J'ai lu dans les lettres de Guy-Patin qu'un certain charlatan, nommé Pétronas, qui vivait du temps d'Hippocrate, n'employait, pour toutes sortes de maladies, qu'une seule et même drogue, de la ciguë mitigée, et cependant ses malades guérissaient. Ce n'était pas, ajoute l'ennemi de l'antimoine, par une bonne qualité qui appartient à son remède, mais par des révolutions heureuses qui s'opéraient fortuitement sur ses malades. Il en était de cette panacée comme d'un coup d'épée qu'un homme dangereusement malade d'un abcès reçut dans son mal, et qui se trouva guéri par le fait d'une blessure presque toujours mortelle. Nos Pétronas politiques ne sont ni plus prudens, ni plus habiles; ils tirent le plus souvent au hasard, mais par hasard ils peuvent percer l'abcès.

» Qui sait, qui peut savoir pourquoi cet empire croule? pourquoi cet autre se relève? Est-ce parce que César a craché à droite ou à gauche en allant au Capitole? est-ce parce que le caprice d'une reine a fait choix d'un amant cardinal? Pourquoi telle ou telle grande bataille, d'où dépendait l'existence d'un royaume, a-t-elle été gagnée ou perdue? Est-ce parce que d'un côté les soldats étaient à jeun, et de l'autre qu'ils avaient eu double ration d'eau-de-vie? est-ce parce que la fortune a trahi les plus braves? Eh! mon ami, connaître ce qui va se passer dans une heure, pénétrer dans les intrigues où vous jouez un rôle à votre insu, démêler au milieu de ce tourbillon d'atomes politiques le faible germe de la grande catastrophe qui va peut-être ébranler le monde, faire entrer dans les calculs de la raison la leçon de l'expérience, la sainteté des promesses, l'évidence du bon droit, la puissance de la volonté, la force des caractères, l'ascendant de la vertu, en un mot, prophétiser le présent en lui accordant la durée d'un jour, n'est ni plus facile, ni moins fou que d'annoncer ou d'expliquer l'avenir. »

La contradiction ne fait qu'aigrir les esprits de cette trempe ; aussi, dans la suite de cet entretien, me suis-je borné à faire observer au philosophe Gérard qu'il voyait juste, mais qu'il avait tort de ne regarder qu'un côté de la médaille, et de perdre, à rechercher inutilement les causes, le temps et le talent qu'il pouvait mettre à juger les faits.

En rentrant à Paris par les Champs-Élysées, je méditais sur ce que je venais de voir et d'entendre, et, sans m'en apercevoir, je me laissai entraîner au charme, ou, si l'on veut, à la folie des mêmes spéculations auxquelles, un moment auparavant, je blâmais le vieux Gérard de s'être livré. Je me mis à interroger à mon tour mes souvenirs, mes impressions, mes lectures, les usages anciens et les mœurs contemporaines.

Je m'adressai d'abord à l'histoire : Fille du temps, mère de l'expérience et conseillère des hommes, ne pourrais-tu m'apprendre pourquoi tes documens les plus certains offrent tant d'incertitude?

Pourquoi tu as conservé tant de fausses vertus, et laissé dans l'oubli tant d'actions généreuses?

Pourquoi Salomon, qui possédait cent femmes et trois cents concubines, qui bâtit des temples à la Vénus impudique des Sidoniens, qui se distingua entre tous les rois par le luxe de sa cour, par la magnificence de son palais et la somptuosité de sa table, est appelé par toi le modeste, le tempérant, le sage?

Pourquoi David, le plus cruel, le plus débauché des tyrans, est honoré dans tes annales du nom d'*homme selon le cœur de Dieu?*

Pourquoi *admires-tu dans Alexandre ce que tu hais dans Attila?*

Pourquoi le christianisme, qui recommande si impérieusement la pureté des mœurs, a-t-il vu naître et s'étendre des vices plus odieux, des débauches plus effrénées que celles dont Tibère avait offert au monde le plus hideux spectacle?

Pourquoi Gracchus est-il l'objet d'un culte historique, tandis que la mémoire de Rienzi est si ridiculement travestie par le père Du Cerceau?

Je me suis mis ensuite à réfléchir sur

les us et coutumes des nations, et je n'y trouvai ni plus de justice ni plus de bon sens.

Pourquoi les langues et les villes, formées les unes et les autres de pièces de rapports, de cabanes et de palais réunis, de mots barbares et de termes sonores, offrent-elles tant d'incommodités et de vices de construction ?

Pourquoi les pays les plus chauds sont-ils précisément ceux où les hommes ont grand soin de charger leur tête d'une espèce de pyramide d'un poids énorme, de couvrir et de ceindre leur corps de l'étoffe la plus chaude qu'ils puissent trouver, tandis que les peuples de l'occident et du nord, emprisonnés dans des vêtemens étroits et légers, ne songent pas à se mettre à l'abri de la rigueur de leur climat en se couvrant de draperies larges et chaudes ?

Pourquoi, chez le peuple qui a le plus

de prétention à la grâce et à l'élégance, les hommes entourent-ils leur cou d'un carcan incommode qu'ils appellent cravate, et les femmes étreignent-elles leur poitrine et leur taille dans un étau de baleine?

Pourquoi chez la même nation l'amour d'une jeune fille est-il regardé comme un crime, et celui d'une femme mariée comme une faiblesse?

Pourquoi en France, où l'égalité est regardée comme le premier des biens, la servitude n'est-elle pas le plus grand des maux?

Pourquoi les Anglais, si fiers d'une liberté nominale, sont-ils, de toutes les nations de l'Europe civilisée, celle où le régime féodal a laissé les traces les plus profondes?

Pourquoi les annales de ce même peuple anglais, où brillent tant d'actions glorieuses, offrent-elles tant d'exemples d'inhumanité, d'avarice, d'égoïsme et de perfidie?

Pourquoi le peuple du monde qui aime le plus la gloire paraît-il être celui qui craint le moins la honte?

Pourquoi chez nous le talent qu'on idolâtre ne peut-il réussir sans intrigue, ni percer sans cabale?

Pourquoi le théâtre des mauvaises mœurs et du mauvais langage est-il devenu depuis six ans le rendez-vous de la bonne compagnie?

Pourquoi la plus aride, la plus triste des passions, l'amour du jeu, s'est-elle emparée de la jeunesse?

Pourquoi à tous les âges, dans tous les rangs, tant d'égoïsme et si peu d'esprit national?

Pourquoi cette âme de prince s'est-elle logée dans le corps d'un pauvre artisan?

Pourquoi l'ignoble instinct de l'animal le plus immonde est-il le partage de cet homme que la fortune et la société ont comblé de faveurs et de richesses ?

Pourquoi cet homme qui pouvait faire de bons chapeaux fait-il de mauvais sermons ?

Pourquoi tant de haines, de jalousies, de bassesses et de sottises? pourquoi tant d'efforts ridicules pour étouffer la vérité? tant d'inutiles mensonges, de lâchetés commises, de mépris soufferts, d'espérances honteuses, pour arriver quelques jours plus tôt ou plus tard à prendre pompeusement possession de quelques pieds de terre au milieu des malédictions qui accompagnent à son dernier gîte l'homme injuste et puissant dont la vie était un fléau pour ses semblables ?

J'allais entamer une nouvelle série de questions lorsque j'arrivai à la porte de ma cellule; je me proposais d'y répondre à tête reposée; mais, je dois le dire à ma honte,

mon cher confrère, je n'ai trouvé à tous mes *pourquoi* que cette réponse des enfans, *parce que...*; et, comme elle ne me paraît pas suffisante, c'est à vous que je m'adresse pour y donner quelque développement ?
                                                    E. J.

N°. VI. — 3 *février* 1824.

SIXIÈME LETTRE.

LE SIÈCLE DES MÉMOIRES.

> L'escrivaillerie semble estre quelque symptôme d'un siècle débordé. Quand escrivismes-nous tant que depuis que nous sommes en trouble ?
> *Essais de Montaigne*, liv. III, chap. IX.

Mon cher ami,

Si l'on veut distinguer l'époque actuelle de celles qui l'ont précédée, il sera facile de lui appliquer une dénomination caractéristique; on pourra l'appeler le siècle des mémoires. N'admirez-vous pas comme moi cette prodigieuse quantité d'écrits où les auteurs se mettent en scène avec tant de naïveté, nous racontent leur naissance, les diverses aventures de leur vie sociale, et se présentent sous le jour le plus favorable à l'admiration contemporaine? Ce qu'ils ont fait, ce qu'ils ont vu, ce qu'ils ont pensé, tout leur paraît d'une haute importance; ce qu'il y a de fâcheux, c'est qu'ils ne prétendent rien moins qu'à nous associer à leurs passions, aux intérêts de leur amour-propre, à dicter nos opinions sur les hommes et les événemens.

Comme il y a peu de Français qui, depuis trente ans, n'aient participé d'une manière ou d'autre aux affaires publiques, si la fureur de publier ses mémoires ne s'apaise pas, nous serons véritablement inondés de ces sortes de productions. On conçoit facilement qu'un homme d'état, un ministre, un général d'armée, puisse écrire des mémoires dignes de fixer l'attention publique, et de fournir des matériaux à l'histoire. Il ne suffit pas d'avoir fait l'important dans quelques salons, d'avoir recueilli des bruits d'antichambre, ni même de s'être faufilé dans certaines coteries, pour réclamer avec justice le même droit. Je ne l'accorderai pas même, sans distinction, aux hommes qui ont manié le pouvoir : il m'importerait fort peu de lire les mémoires de M. Portal; mais j'attacherais un grand prix aux sincères révélations de M. de Talleyrand.

On pourrait encore tolérer ces nombreuses publications, si l'on y trouvait de l'exactitude dans les faits, de la justice dans les appréciations; mais quand ce n'est pas la vanité qui dicte ces mémoires particuliers, c'est presque toujours quelque motif de haine, quelque intérêt de vengeance. On y voit percer à chaque page l'esprit de dénigrement et les passions de parti. L'auteur sème à pleines mains le mensonge et la calomnie, avec la certitude qu'ils porteront leurs fruits; car l'on se trompe rarement lorsqu'on spécule sur la maligne crédulité de notre pauvre espèce humaine. L'estime nous pèse; c'est un fardeau dont nous aimons à nous débarrasser.

C'est surtout après les longues agitations politiques que prospère la littérature des mémoires. Chacun regarde comme un devoir d'expliquer la conduite qu'il a tenue au milieu de l'effervescence des partis et des fluctuations du pouvoir; comme s'il importait beaucoup à la société d'apprendre par quel accident tel républicain déterminé s'est trouvé, un beau jour, affublé des cordons de l'empire; ou tel royaliste de haut parage, métamorphosé en chambellan de Napoléon. Eh, qui pense à vous en faire un crime! Ne savons-nous pas que, sauf quelques exceptions très-rares, les hommes se laissent dominer par les circonstances; que leur opinion dépend presque toujours d'un intérêt présent; que le philosophe même se fait quelquefois illusion à cet égard, et que ce qu'on nomme indépendance est plus souvent l'effet de causes fortuites que du caractère? Partout où le pouvoir se montre, il exerce une force étonnante d'attraction. Le comité de salut public a eu ses courtisans comme le directoire. On connaît des hommes qui maudissaient Napoléon quelques heures avant le 20 mars, et qui le lendemain sollicitaient, les larmes aux yeux, l'honneur de lui être présentés. Ils ne pouvaient concevoir comment ils avaient pu méconnaître le héros du siècle, l'homme du destin; peut-être même étaient-ils de bonne foi; peut-être, si l'Europe eût reculé à Waterloo, auraient-ils servi le vainqueur avec fidélité; ils ne changèrent qu'avec la fortune : c'est l'histoire ancienne et moderne.

La manie des mémoires s'est surtout répandue parmi les hommes de lettres; il en est peu, au moment où j'écris, qui n'enregistrent scrupuleusement les actes de leur vie privée et littéraire, et qui, en se confessant eux-mêmes, ne s'occupent de la confession des autres. Vous êtes sans doute persuadé comme moi que cette dernière partie sera traitée largement; et comme chacun en usera de la même manière, nos neveux auront le plaisir de recueillir une riche moisson de scandales. Quelle source de regrets pour l'époque actuelle!

Les hommes de lettres ont plus de motifs que les autres classes de la société pour rédiger leurs mémoires. D'abord, la plupart d'entre eux croient à leur immortalité; et il est naturel de vouloir se présenter décemment devant les générations futures. Il faut aussi remarquer que les écrivains en vers ou en prose abandonnent au reste des hommes les routes qui mènent aux honneurs et à la fortune; ils n'ont d'existence que dans l'opinion, ils ne vivent que de renommée; il leur importe donc beaucoup de soigner leur gloire et de se peindre en beau. Il y aurait de la barbarie à exiger une parfaite ressemblance. On peut nous permettre un peu de flatterie, en considérant à quelles tribulations la vie d'un homme de lettres est exposée. On ne sait pas tout ce qu'une critique bonne ou mauvaise nous cause de douleurs. J'en connais qui se piquent de stoïcisme à cet égard, et qui sont tout aussi susceptibles que les autres. Je le sais par expérience; je n'ai pas encore pardonné à M. W. Schlegel les épigrammes germaniques dont il a enrichi un ouvrage périodique de Londres à mes dépens ; et cependant jamais épigrammes ne furent plus pardonnables.

Il faut avouer que c'est une tâche fort amusante d'écrire ses mémoires. On n'est pas fâché de parler de son père, de sa mère, même de ses aïeux, si par aventure on les connaît. On s'arrête avec plaisir sur les événemens de son enfance, sur sa vie de collége, sur ses premières liaisons amoureuses. C'est là surtout qu'on triomphe; on n'a point de couleurs assez fraîches pour peindre les beautés incomparables dont les charmes ont touché notre jeune cœur; on peut même faire des portraits de fantaisie qui n'en ont que plus de mérite. Tout cela flatte l'amour-propre d'un auteur, et ne déplaît qu'à un petit nombre de rigoristes plus sévères en général pour les autres que pour eux-mêmes.

J'ai entendu blâmer J.-J. Rousseau et Marmontel d'avoir rendu le public confident des folies de leur jeunesse; Marmontel surtout a été en butte à la censure. Il est vrai que ses descriptions de la ville de Bort sont d'un coloris trop brillant; qu'il est permis de douter de l'éloquence cicéronienne de sa mère, et qu'on peut rabattre quelque chose de ses prodigieux succès auprès des femmes; mais cependant on le lit avec plaisir; les détails auxquels il se livre sont agréables; on aime à le voir lutter contre les obstacles dont la carrière des lettres est semée; ses mémoires sont, à tout prendre, le meilleur de ses ouvrages.

Tant que le public aimera la lecture des mémoires particuliers, on lui en fournira. Ce genre de produits littéraires ne deviendra plus rare que lorsqu'il manquera d'acheteurs. Ce n'est donc pas uniquement à l'amour-propre des écrivains qu'il faut attribuer la quantité de mémoires qui paraît depuis quelque temps; le goût général y entre pour beaucoup. C'est une suite du penchant invincible que nous avons pour la satire....

Ce goût a existé à toutes les époques ; mais il est aujourd'hui plus vif qu'il ne l'a jamais été. L'esprit de parti, qui est incompatible avec la justice, en est la cause principale. Les animosités, qui autrefois s'émoussaient sur les masses, s'attachent aujourd'hui aux individus. Les opinions sont devenues des intérêts ; celui qui blesse les unes nous paraît blesser les autres ; il n'y a plus d'indulgence que pour soi et pour les siens. Aussi les hommes un peu connus ont-ils deux réputations. Tel brille comme un génie à la Chaussée-d'Antin, qu'on regarde sur la rive droite de la Seine comme frappé d'une désespérante médiocrité. Tel grand homme du faubourg Saint-Germain n'inspire ailleurs que de la pitié. On se loue, on se dénigre sans se connaître. Chaque parti a ses idoles qu'il encense en maudissant les dieux du voisinage. Qu'on juge après cela des tourmens que nos mémoires contemporains préparent à la postérité. Comment, avec de pareils matériaux, pourra-t-elle juger notre époque?

« Tel personnage, lira-t-on dans un de ces mémoires, fut un homme sans honneur et sans foi; il trahit lâchement son bienfaiteur, il ouvrit son cœur à la corruption, viola ses sermens, et vendit son pays. »

« Ce sont des calomnies, répondra un autre mémoire; ce fut un héros qui se dévoua pour le bien public; il négligea même, pour sauver son pays, le soin de sa renommée; c'est le sublime du dévouement. »

Mettez-vous à la place d'un historien qui s'occupe à peser et à concilier ces deux témoignages, et jugez de ses perplexités. Au demeurant, je ne serais pas surpris qu'il n'acceptât la première version, et je n'ai pas besoin d'en expliquer les motifs.

Il est vrai qu'excepté les citoyens de la république des lettres, qui tournent souvent leurs regards vers la postérité, les autres hommes ne s'en occupent que faiblement. C'est encore un des traits caractéristiques de notre époque que cette insouciance des jugemens de l'avenir. Tout se concentre dans la vie matérielle. Qu'on ait des honneurs, de la fortune, de brillans équipages, toutes les jouissances du luxe, on a toujours assez de considération. Le temps n'est plus, où une mauvaise renommée excluait de la société l'homme le plus opulent; c'est qu'aujourd'hui il y a réunion sans société.

Si les auteurs de mémoires s'occupaient à donner une idée exacte des mœurs de leurs temps, en ne négligeant aucun fait remarquable, ils s'élèveraient au-dessus du genre, et leur succès serait plus durable. C'est une idée que je hasarde avec l'espérance qu'elle frappera quelques bons esprits. Mais le talent seul ne suffirait pas pour remplir une tâche pareille, il faudrait de l'indépendance et de la bonne foi. Où trouver aujourd'hui une telle réunion de qualités ?   A. J.

N°. VII. — 7 *février* 1824.

SEPTIÈME LETTRE.

LE CONCERT D'AMATEURS.

O dura musicorum ilia !
HORACE.

O cruels amateurs, doués d'une organisation robuste !

Permettez-moi, mon ami, de détourner de son sens véritable, au moyen d'un seul mot changé, le premier vers de cette épode dithyrambique, où Horace exhale contre l'ail toute la fureur d'un poëte qui se venge. Ma passion pour la musique me fait sentir, avec une vivacité qui se tourne en colère, l'injure que viennent de faire subir au plus touchant de tous les arts, quelques amateurs dont le concert, ou plutôt la discorde, m'ont eu pour témoin ou pour victime : les maudites gens, ils me le payeront !

Madame de Lavignerie, veuve depuis trois ans, et avide de produire en public deux filles dont la dot est médiocre, m'avait invité, quinze jours d'avance, à l'*exécution* (c'est le mot propre) qui devait avoir lieu ce matin. Je me rends dès midi, heure indiquée, dans le quartier du Temple, où elle demeure.

On avait démeublé trois chambres, et des draperies improvisées cachaient aux spectateurs, assis sur les banquettes dont la salle était garnie, les lits, les fauteuils et les tables que les domestiques avaient enlevés à leurs places héréditaires. On voyait dans le fond de la salle un piano, marqué *London*, et nouvellement verni ; une harpe,

dont la tête de Rossini ornait le sommet, faisait résonner de minute en minute une corde impatiente qui, trop tendue, se brisait avec fracas. Madame de Lavignerie, d'un air important et radieux, parcourait les rangs nombreux de ses connaissances, et distribuait de vive voix le programme de la séance. « On allait entendre un quatuor
» de Boccherini, musique vraiment céleste;
» la voix ravissante de la jeune créole, ma-
» demoiselle Érixa; la harpe devait faire
» briller mademoiselle Ludwige de Lavigne-
» rie cadette, et l'aînée, mademoiselle Wil-
» helmine, devait tenir le piano. On deman-
» dait de l'indulgence; c'étaient de simples
» amateurs; amateurs de première force il
» est vrai. Le chef d'orchestre était élève
» de Baillot, et mademoiselle Érixa possé-
» dait une voix...! mademoiselle Demeri
» avait moins d'étendue, madame Rigaud

» moins de légèreté, madame Pasta moins
» de sensibilité. »

Silence! l'orchestre se place, tout se dispose, chacun cherche un jour favorable; et le nombre insuffisant des pupitres force les *amateurs* à user d'adresse, et à créer de nouveaux moyens de placer leur partie sous un rayon de soleil.

Les préparatifs me semblaient un peu trop longs; une demi-heure s'était déjà passée, et les violons n'avaient pas encore fini de graisser leur archet, ni les flûtes d'humecter le buis. Le *mi*, le *la*, le *sol*, tour à tour rebelles, exigeaient à chaque instant un nouveau tour de cheville, accompagné de cette grimace obligée qu'il est suffisant de rappeler à votre souvenir. C'en est fait cependant: le son régulateur part de l'archet qui préside à la guerre musicale: voici le *la!* on prend, que dis-je, on ne prend pas l'accord. Boccherini, dont on allait jouer le troisième quatuor, qui commence par un *tutti*, est condamné à voir les archets partir dans une dissonance successive; et la bande concertante, sans s'occuper du désordre du départ, continue sa marche avec intrépidité.

Je suis prêt à croire que chacun des exécutans entendu seul eût été supportable; mais imaginez ce que je souffrais à écouter ce manque d'ensemble et de mesure, ce changement d'une harmonie suave en un vacarme digne des enfers. L'*adagio* meurt dans les oreilles, et emprunte sous les doigts des amateurs une expression de langueur soporifique; le *presto* est joué avec fureur, le *tutti* final avec rage. On applaudit, et madame de Lavignerie, qui, pendant le quatuor, avait battu à deux temps, d'une main élégamment balancée, la mesure qui passait précisément du deux-quatre au six-huit, reçut avec modestie les félicitations les plus empressées.

La jolie figure de la créole dissipa un moment le nuage splénétique que ce quatuor cruel avait répandu sur moi. La belle Érixa rappelait par la piquante vivacité de ses regards et de ses traits la jeune druidesse dont un de nos premiers peintres a si heureusement saisi la physionomie inspirée. Quant à mademoiselle Wilhelmine, qui devait l'accompagner sur le piano, c'était une blonde plus fade que toutes celles dont peuvent se vanter l'Allemagne, l'Angleterre et le Danemarck réunis. De longs cils jaunissans bordaient ses paupières; et ses yeux, dont la couleur incertaine se trouvait entre le gris et le bleu pâle, répondaient précisément à la description singulière d'Hamilton, qui les nomme, avec plus d'originalité que de galanterie, des *yeux marcassins*.

Une toux préliminaire, un prélude morcelé, annoncent que les deux virtuoses vont se faire entendre. Tout se tait; je reconnais d'abord la première mesure d'une des romances les plus rebattues de Romagnesi; mademoiselle Érixa brode l'amour, enjolive le baiser, s'arrête de note en note, monte et descend par des modulations hardies, chante le plus simple des airs comme un morceau du grand Opéra, profite des moyens que lui avait donnés la nature pour étourdir et dénaturer sa romance, et, tout empourprée de lassitude et de joie, revient en triomphe reprendre sa place parmi les auditeurs.

Il me fallut dévorer ensuite un air varié pour la harpe, exécuté par mademoiselle Ludwige, avec accompagnement de cor. Cinq bémols, le papier noirci d'arpéges et de triples croches, chaque pédale tour à tour interrogée, une succession, une pluie, une grêle de sons incohérens, me firent bientôt deviner que l'exécution n'avait point été seule confiée aux amateurs, et qu'ils s'étaient aussi mêlés de composition. « Eh bien, qu'en dites-vous? s'écria de loin l'heureuse mère de l'exécutante; Ludwige est aujourd'hui *en train!* » c'est le terme convenu dans les arts. « Écoutez ces arpéges; c'est un ange pour la difficulté! » En effet, la sonate infernale se terminait; et les efforts réunis des pieds et des mains de la jeune musicienne avaient triomphé du chaos de notes entassées par son maître de harpe dans ce morceau fait exprès pour elle.

Je soupirais; et l'espérance, qui n'est interdite qu'aux damnés, l'espérance de voir arriver bientôt la fin de ce terrible concert commençait à me sourire : je me trompais grossièrement. Rassemble-t-on deux cents personnes pour se contenter de les ennuyer? L'élève de Baillot s'avance. Un concerto de

Viotti.... Ah! quels détachés! quels démanchés redoutables! La main se précipite sur le manche, et cherche auprès du chevalet même des sons d'une vibration aiguë, dont le tympan ébranlé reconnaît péniblement tout le mérite. Ce n'est pas un concerto, c'est un assaut, c'est une escalade; une note manque? qu'importe? mille notes supplémentaires la remplacent? un trait équivoque heurte mon oreille; l'audace de l'archet qui le lance en fait pardonner la cadence ambiguë. La sueur couvre le front de l'intrépide exécuteur: il arrive enfin au rondo final, et son dernier coup d'archet excite un cri de satisfaction dans l'assemblée, sur la cause duquel l'amateur a le bonheur de pouvoir se méprendre.

J'avais subi, avec un courage dont je ne me croyais pas capable, la première partie du concert; ma bouche, furtivement ouverte, était parvenue à filer avec assez d'adresse les bâillemens énormes dont j'étais étouffé. Madame de Lavignerie elle-même se mit au piano; et, s'accompagnant de quelques accords plus ou moins bien ménagés, chanta majestueusement un grand air de Grétry. Imaginez la vieille école dans toute sa grâce : tantôt une solennité de chevrotement, tantôt une pluie de notes détachées, un ramage, un caquet sans motif et sans fin.

Le moyen, devant un auditoire du Marais, de ne pas être interrompu par des cris d'admiration et des trépignemens de joie!

Malheureux! je n'étais pas au bout. La sonate de piano m'attendait; c'était le tour de mademoiselle Wilhelmine. Les batteries à mains croisées, les trilles, les doubles notes, tout le fracas inintelligible dont les pianistes aiment à couvrir la sécheresse d'un instrument que les plus habiles d'entre eux ont tant de peine à rendre expressif et harmonieux, s'échappèrent des doigts agiles de mademoiselle Wilhelmine; sa respiration précipitée, les ondulations de sa tête, les mouvemens nerveux de tout son corps révèlent la sensibilité spasmodique dont l'heureuse enfant est douée.

Enfin (je respire à ce mot) un gros chanteur approche; et je devine, au sourire léger de quelques femmes, l'étendue et les défauts de son talent. D'une masse énorme sort une voix claire et perçante comme celle de l'alouette : il varie avec mignardise l'air tout nouveau *di tanti palpiti.* Qu'est-ce? ce monsieur serait-il comme à Milan et à Naples....? Je ne sais, mais les éventails sont en mouvement, les femmes se taisent, les demoiselles se regardent d'un air étonné, cette voix-là ne leur va pas au cœur.

C'était le dernier des exécutans, selon l'ordre établi par madame de Lavignerie. Le chœur final, emprunté à la Création d'Hayden, servit de complément au forfait musical dont je frémis encore lorsque j'y pense.

Les amateurs sont à la musique ce que les demi-savans sont à la littérature ; le même bourreau qui fait un acrostiche, parce qu'il a eu le malheur de lire le Dictionnaire de Richelet, m'eût assourdi de sonates s'il eût eu quelques notions de l'art musical. La fureur de briller, le besoin de rassembler dans un salon quelques amis en extase, le désir de faire connaître le talent supérieur de la fille cadette ou du fils aîné, le peu de respect que les gens professent communément pour le temps d'autrui, l'impôt que la vanité des amateurs se croit autorisée à prélever sur la patience humaine, voilà les causes philosophiques de ce ridicule que je n'eusse pas songé à vous signaler, s'il ne croissait chaque jour dans une progression vraiment effrayante. La manie musicale s'est emparée de toutes les cervelles.

C'est là, mon ami, un des changemens les plus notables de nos mœurs privées ; le goût de la musique a passé de la grande propriété à la petite, et bientôt on le verra se répandre dans les derniers rangs de l'ordre social. Aujourd'hui l'arrière-boutique de la boulangère renferme une caisse harmonieuse sur laquelle la grosse fille de la maison étudie quatre heures par jour. Paris est couvert d'affiches qui promettent en six mois de leçons une parfaite connaissance de la musique.

A tout prendre, cependant, cette mode me semble d'un heureux augure. La musique ramène les hommes à cette facilité d'émotion qui les rend capables d'actions généreuses, et les arrache à la léthargie où ils sont prêts à tomber après de grands bouleversemens politiques. La musique est le plus doux de tous les plaisirs physiques ; elle berce mollement l'âme par la seule entremise des sens et sans le secours de la pensée. Comme la peinture, elle ne demande pas des sens exercés et n'exige pas d'études préliminaires pour sentir ses beautés. Idiome des passions, elle en reproduit les cris, les joies, les douleurs, les regrets, et s'adresse au cœur de l'homme sous la pourpre des rois comme sous les haillons des bergers. Enfin, je ne m'étonne pas que l'un des hommes qui ont porté dans leurs écrits le plus d'esprit, de délicatesse et cependant de Barbarie (Shakspeare), ait dit, en vers enchanteurs : « La musique est l'aliment de » l'amour. Elle a plus de douceur que de » joie, et moins de vivacité que de mélan- » colie. C'est une volupté exquise et intime. » Ah ! malheur à l'homme qui ne porte pas » en lui-même une douce sympathie avec » la musique ; son âme est noire, défiez- » vous de lui. »

Plus malheureux encore l'ami de la musique que des amateurs martyrisent! Défiez-vous de ce nom funeste, et ne tombez pas, mon ami, dans le piége où j'ai été pris ; au pays latin vous n'en échapperiez pas.   E. J.

N°. VIII. — 10 *février* 1824.

HUITIÈME LETTRE.

ESSAI SUR LES MŒURS DE L'ÉPOQUE.

> C'est, à la vérité, une bien bonne et profitable coutume de trouver moyen de recognoistre les hommes rares et excellens, et de les satisfaire par des payemens qui ne chargent aucunement le public, et qui ne coustent rien au prince.
>
> *Essais de Montaigne*, liv. II, chap. VII.

Mon cher confrère, vous voulez que je vous entretienne encore des mœurs de notre époque. Vous les avez observées avec tant de sagacité que je ne vous apprendrai rien de nouveau. Vous excellez dans les détails ; pour moi, je n'envisage guère les choses que dans leur généralité. Aussi, pendant que je me livre à de tristes réflexions, vous composez de charmans tableaux ; tout l'avantage est de votre côté.

Vous avouerez avec moi qu'il n'a jamais existé d'époque où l'on fût si avide qu'aujourd'hui de distinctions, de titres honorifiques, d'ordres de chevalerie, et où ces distinctions, ces titres, ces ordres eussent moins de valeur. La résurrection de la noblesse monarchique et le maintien de la noblesse de l'empire ont couvert la France de personnages titrés. Les ducs, les marquis, les barons pullulent dans tous les quartiers de Paris, et forment la moitié de la population du faubourg Saint-Germain. Les autres grandes villes du royaume foisonnent de comtes et de barons; il n'y a si petit village qui n'ait au moins son vicomte ou son chevalier. Les rubans rouges, verts, bleus ou noirs frappent à chaque instant les regards; s'il fallait juger du mérite réel par ces distinctions apparentes, jamais siècle n'aurait été plus fécond en vertus et en génie.

Les récompenses honorifiques sont, aux yeux même de la philosophie, une grande et utile institution ; elles ne coûtent rien au public, ainsi que l'observe Montaigne, et peuvent seules contenter les cœurs généreux ; car ce n'est point avec de l'or qu'on peut payer de grands services rendus à la patrie, des actions d'éclat, des vertus héroïques ; quelques feuilles de laurier, une couronne de chêne, un simple ruban, telle a été chez tous les peuples la précieuse monnaie de la gloire.

Mais c'est une monnaie dont la rareté fait le prix; distribuée au hasard, elle s'avilit. Devient-elle la récompense de l'intrigue, de la servilité, de la délation : ce n'est plus qu'une décoration ridicule que le vulgaire même dédaigne, et qui ne flatte que la sottise. L'ordre de la Légion-d'Honneur, autrefois si cher aux braves; l'ordre du Saint-Esprit, celui de Saint-Louis ont éprouvé le sort de l'ordre de Saint-Michel, qui, selon Montaigne, était devenu tellement commun « qu'il n'était plus tenu à aucune estimation. Il eût mieux valu, ajoute-t-il, faillir à ne pas en estrenner tous ceux à qui il était dû, que de perdre pour jamais, comme nous venons de faire, l'usage d'une invention si utile. » Montaigne avait reçu la décoration de cet ordre à l'époque où elle avait encore quelque valeur; il paraît qu'il tenait beaucoup à cette distinction, et c'est un peu par amour-propre qu'il se plaint de la voir tomber dans l'avilissement.

Il en est des titres comme des décorations; dès qu'ils deviennent communs, ils n'expriment plus rien; ce sont des mots plus ou moins sonores, et voilà tout. On y attachait sous l'empire une grande importance, parce qu'ils annonçaient les dignités, la faveur, et qu'ils renfermaient l'idée de la dotation. C'était le profit plus que l'honneur qui en faisait le prix. Cependant le charme de la nouveauté avait plongé dans l'ivresse certains personnages que les flots de la révolution avaient poussés à la surface de la société. Les noms de prince, d'altesse, de duc résonnaient si harmonieusement à leurs oreilles plébéiennes, qu'elles ne pouvaient s'en rassasier. On raconte que le familier d'un grand seigneur de l'empire lui demandait, le jour même de son élévation, de quelle manière il devait, à l'avenir, lui adresser la parole : « Dans le monde, répondit-il, vous me nommerez *altesse sérénissime* ; mais dans l'intimité, je vous permets de m'appeler tout uniment *monseigneur*. » J'ai entendu citer un ministre en crédit qui, peu satisfait de porter ses ornemens sur son habit de ville, les avait fait broder sur sa robe de chambre, et ne se mettait jamais au bain sans se décorer du grand cordon de la Légion-d'Honneur. La simple croix de légionnaire inspirait plus de vénération que ces hochets de la faveur; elle brillait sur l'habit militaire comme le signe de l'honneur, la récompense du courage, le prix du sang versé pour la patrie.

Quand les marques distinctives sont multipliées outre mesure, c'est une sorte de distinction de n'en point avoir. L'absence de décorations, si facilement obtenues, atteste l'indépendance de l'opinion, et prouve qu'on ne s'est point rangé parmi les courtisans du pouvoir. Quand les honneurs sont la proie de la bassesse et de la médiocrité, il faut plaindre la société privée d'un moyen puissant d'émulation. Alors les hautes vertus n'ont plus de valeur, la morale n'a plus de prise sur les consciences, tout s'estime au poids de l'or.

Serait-il téméraire d'assurer que nous sommes parvenus à ce point de dégradation sociale? la puissance du calcul ne domine-t-elle pas toutes les autres puissances? ne se demande-t-on pas chaque jour combien me rapportera telle ou telle opinion? que gagnerai-je à faire de la morale? quel profit me reviendra de mon zèle pour la religion? qu'obtiendrai-je en retour de mon dévouement au parti qui domine? On exige le sacrifice de ma conscience, mais voyons d'abord l'évaluation de ma probité. Ce qu'il y a de plus triste, c'est que dans la jeunesse même, époque d'espérance et de candeur, on se livre froidement à ces inspirations de l'intérêt personnel. « Quel parti avez-vous embrassé? disait-on un jour à un jeune poëte qui annonce quelque talent. — J'ai pris, répondit-il, le parti de la congrégation; c'est celui qui rapporte le plus. Je n'avais point de fortune, je menais une vie laborieuse, j'étais forcé de manger chez un restaurateur du troisième ordre; je ne buvais que du vin de Mâcon; aujourd'hui, j'ai la bourse bien garnie, et je dîne chez Grignon; depuis que je me suis fait fanatique, je vais à l'Opéra, et je bois du vin de Champagne à la glace. »

Ainsi, tout est factice dans la société; on se passionne pour des opinions de commande; il n'y a de certitude sur rien; la délicatesse, la probité, l'estime de soi-même, ne sont plus que des chimères; et c'est précisément parce qu'il n'y a plus de valeur réelle dans les âmes qu'on attache un si grand prix aux décorations extérieures; il ne reste à la plupart des hommes que ce seul moyen d'obtenir une ombre de considération.

Cet état moral de la société doit excier plus de pitié que d'indignation ; il est le résultat inévitable des secousses politiques, des révolutions successives, des mutations soudaines du pouvoir, de l'instabilité des lois, de l'inertie des institutions; il se réformera de lui-même si l'organisation sociale se perfectionne, si les irritations de parti s'apaisent, si le règne de la justice est solidement établi. Il en sera de la France comme de l'Angleterre; la restauration de sa monarchie fut l'époque de sa plus grande corruption morale; elle est revenue par degrés à des idées saines, à des sentimens généreux; c'est aujourd'hui le pays de l'Europe où il y a le plus de moralité. On doit remarquer, à l'honneur de la France, que malgré les divers foyers de corruptions qui existent dans le pays, le caractère national n'est point altéré. Les grands actes d'héroïsme excitent l'enthousiasme général ; tout ce qui est vil révolte la conscience publique;

mais le silence seul accuse ce que la crainte ne permet pas d'improuver hautement.

Le plus grand obstacle au rétablissement des mœurs publiques, c'est l'isolement forcé des citoyens. L'opinion, travaillée en sens divers, a perdu son autorité. L'approbation de ce qui est bien est permise jusqu'à un certain point; mais il n'existe pas de censure publique. D'ailleurs, il faut l'avouer, aujourd'hui ce sont les passions qui jugent; et, comme les passions se choquent comme les intérêts, tous les jugemens sont suspects de partialité. On ne croit ni aux accusations, ni aux éloges, parce qu'il y a dans tout des vues personnelles et de l'exagération. Rien de plus rare dans tous les temps que la justice et la vérité; que sera-ce dans un temps de discorde et d'agitation?

Mais si les mœurs publiques sont dépravées, il est juste d'observer que les mœurs privées ont éprouvé, depuis trente ans, de sensibles améliorations; les vertus exilées de la vie publique sont rentrées dans la famille, et vivent encore sous la protection des dieux domestiques. Il règne dans les familles une intimité inconnue dans l'état ancien de la société. On soigne avec plus de sollicitude l'éducation des enfans. On ne voit plus; du moins on voit rarement ces liaisons répréhensibles, ces scandales éclatans qui amusaient si fréquemment la cour et la ville, et qui n'étonnaient personne. On ne rougit plus de remplir ses devoirs d'époux; on n'est plus citoyen, mais on est encore père de famille; c'est du moins une espérance pour l'avenir.

D'ailleurs, une censure sans exceptions serait une grande injustice. Parmi les personnages élevés sous l'empire, combien on pourrait en citer qui ont fait pardonner leur soudaine fortune par de grands talens et de grands services, et qui jouissent même de l'estime de ceux qui les ont remplacés! Dans la noblesse ancienne, dans la noblesse d'hier, on trouve des hommes de mérite qui n'attachent à de vains titres, à de frivoles distinctions que leur juste valeur. Ces exceptions sont même assez nombreuses pour former une classe à part.

Si l'on veut connaître avec quelque exactitude les modifications sociales survenues depuis un quart de siècle, on ne doit pas négliger celles du langage. Autrefois, lorsqu'on parlait de la haute société, on disait : « *Les gens du monde.* » Cette locution n'a plus de sens depuis que le monde s'est élargi, et qu'on voit figurer sur ce théâtre des hommes de toutes les conditions; depuis surtout que le mélange des dernières classes de la société a renversé les barrières qui existaient entre la noblesse d'épée et la noblesse de robe; entre celles-ci et la finance, le haut commerce, la grande industrie. Il est bon cependant d'observer que depuis la restauration les hommes de la cour ont un mot pour se désigner exclusivement. Ils se nomment entre eux : « La société. » Si quelqu'un d'eux vient à mourir, ce qui malheureusement leur arrive comme aux simples citoyens, ils disent, ils écrivent : « La société est vivement affectée de la perte qu'elle vient de faire. » Il s'agit souvent d'un personnage aussi obscur, aussi inconnu dans le monde que s'il n'avait jamais existé. J'avertis nos lexicographes de cette nouvelle acception du mot *société*; il faut la noter pour l'instruction des étrangers.

Ce qu'on nommait autrefois « l'usage du monde » n'existe plus que par tradition. On le retrouve dans quelques individus qui ont conservé les anciennes formes de l'urbanité française, dans quelques cercles choisis du faubourg Saint-Germain ; mais on le chercherait vainement dans la plupart des salons de Paris. Les citoyens de nos départemens qui sont attirés dans la capitale, soit par un motif de curiosité, soit pour siéger dans nos assemblées législatives, s'accoutument difficilement aux manières un peu lestes de nos seigneurs de la finance. J'ai vu quelques députés d'une assez grande influence se plaindre sérieusement de l'impolitesse d'un célèbre banquier, tellement absorbé dans sa partie de piquet ou d'impériale, qu'il ne jetait pas un seul regard sur ses visiteurs, et les laissait partir sans leur adresser une parole. J'eus toutes les peines du monde à leur faire entendre qu'il n'y avait dans cette conduite aucune intention d'impolitesse, aucun manque réel d'égards et de considération ; que l'usage était d'ouvrir son salon comme un lieu public, où l'on est souvent seul au milieu de la foule, et de ne se gêner pour personne. Mes députés ne se rendirent point à ces excellentes raisons; ils me dirent que c'était un usage bon à réformer, et qu'un financier pouvait saluer sans inconvénient ceux qui lui faisaient l'honneur de le visiter.

On chercherait vainement des différences marquées dans les mœurs, les manières et les habitudes des différens quartiers de Paris; on ne pourrait apercevoir que des nuances qui ne tiennent qu'à la position des individus. Tel est l'effet de la distribution des richesses, de la rapidité de leur circulation, du mouvement général de la société, que tout tend à l'uniformité. On ne manquera jamais de cette sorte de gens que nous nommons originaux, mais il n'y aura bientôt plus d'originalité dans les masses. Le monde sera comme une salle de spectacle, où il est difficile de reconnaître les diverses conditions des spectateurs, soit à leur costume, soit à leur langage. Quant aux classes inférieures, elles auront toujours leurs traits caractéristiques. Ceux-ci s'altèrent difficilement, parce qu'ils sont le résultat d'une situation sociale qui ne change point, je veux dire la nécessité du travail de tous les jours, et le peu de culture des facultés intellectuelles. Cependant il ne faut pas mépriser ces classes utiles ; elles sentent le dédain, elles conservent le souvenir de l'oppression, et après des siècles de patience arrive enfin le jour terrible où s'exercent de cruelles vengeances. Il est un moyen bien simple de prévenir ces catastrophes, dont notre histoire a plus d'une fois enregistré les sanglans souvenirs ; c'est de favoriser leur industrie, de les respecter, pour qu'elles se respectent elles-mêmes; de leur ouvrir les voies de l'instruction, surtout de les faire vivre sous des lois qui ne fléchissent point au gré de l'homme puissant.

A. J.

N°. IX. — 13 *février* 1824.

NEUVIÈME LETTRE.

LES FEMMES D'AUJOURD'HUI.

...... *Nosce ingenium mulierum.*
TÉRENCE.
(Tel est le caractère des femmes.)

Dans notre dernière promenade, quand je vous quittai, mon ami, vous me reprochâtes de ne pas m'être encore occupé des femmes, et de les avoir oubliées dans mes tableaux; il ne fallait rien moins qu'un reproche de ce genre pour me décider à vous entretenir aujourd'hui d'autre chose que de l'agiotage sur les rentes, et du projet de leur réduction : apprenez que c'est la grande, l'unique affaire de ce jour ; nous voilà revenus au bon temps du *système*. Mais entre deux sujets de circonstance, la *bourse* et les *femmes*, je puis, sans trop d'inconvéniens, donner la préférence à celui qui vous plaît davantage : de quelque train que les affaires se mènent, nous arriverons à la bourse avant qu'elle soit vide.

Si vous me preniez dans un moment d'humeur, je répondrais à votre question, *que font à Paris les femmes ?* par l'épigramme que Panard a faite sur la sienne : « *elles babillent, s'habillent et se déshabillent.* » Mais, je vous connais, vous ne vous contenteriez point de ce vieux bon mot, et au lieu d'une question vous m'en feriez trois : « Sur quoi babillent-elles ? comment s'ha-
» billent-elles ? à quelle heure et combien
» de fois se déshabillent-elles ? » J'aurai

donc plus tôt fait de répondre à votre question telle que vous la posez.

Madame de Saint-Lambert s'étonne qu'on ne puisse parler des femmes avec une juste modération; j'en ai, je crois, trouvé la cause; c'est qu'on les juge toutes d'après le modèle qu'on a dans le cœur ou sous les yeux. Quand il est question de femme, on a de la peine à généraliser ses idées; alors même qu'on est comme nous, mon ami, arrivé à l'âge où on devrait les voir avec impartialité, on est encore poursuivi par des souvenirs individuels qui peuvent, si l'on n'y prend garde, tromper ou corrompre notre jugement. Grâce au ciel! je n'ai, pour mon compte, à me défendre que d'une prévention favorable, et il m'en coûte moins qu'à tout autre d'être juste envers elles.

On a dit, en prenant les femmes parisiennes pour type du sexe entier, qu'il y avait en elles trois élémens constitutifs, *l'amour de la domination*, *le plaisir* et *la vanité*. Il est probable que le premier s'est beaucoup affaibli, car je remarque que les femmes abdiquent chaque jour quelques-uns de leurs droits, et qu'elles se relâchent du pouvoir pour établir plus facilement leur indépendance. Cette nouvelle direction des esprits féminins a nécessairement amené dans leurs mœurs des changemens dont j'ai à vous entretenir.

Les femmes, autrefois, détournaient leurs regards de l'homme qu'elles aimaient, ou n'avaient des yeux que pour lui ; maintenant elles les regardent tous du même œil. Notre ami Volsange, que vous avez si bien surnommé l'anti-Thomas, prétend qu'il ne faut pas en conclure que « tout homme leur » est indifférent, mais que tout homme » leur est égal. »

J'ai une observation à vous faire qui vous

déplaira, car elle doit rendre notre correspondance beaucoup moins piquante : Les femmes n'ont plus d'amans.... Plus d'amans!.... Riez tant qu'il vous plaira ; ce qu'il y a de certain, c'est que, pour une femme de bonne compagnie, avoir un amant n'est pas seulement un tort, c'est maintenant un ridicule. Je me rappelle un temps où les femmes comme il faut, c'est-à-dire comme il fallait, étaient plus connues par le nom de leur amant que par celui de leur mari; ce temps n'est plus, et vous pouvez m'en croire quand je vous assure que cette espèce de scandale, dont jadis on tirait vanité, est aujourd'hui du plus mauvais ton.

Volsange, tout en convenant de la justice et de la justesse de cette observation, prétend qu'il ne faut pas en conclure que la fidélité conjugale reçoive à Paris moins d'atteintes aujourd'hui qu'autrefois; il sou-

tient qu'à cet égard, pour se faire une idée bien nette de l'état des choses, il faudrait savoir à quoi s'en tenir sur la valeur exacte du mot *caprice*, que l'on pourrait fort bien avoir substitué à celui d'*attachement*. « Je
» conviens avec vous (me disait-il avec
» cette ironie amère que vous lui connais-
» sez) que rien n'est plus rare dans la bonne
» compagnie que ces liaisons d'autrefois,
» auxquelles le temps et la constance, les
» rapports de goût et d'humeur, finissaient
» par donner une scandaleuse publicité. Les
» filles de ces dames paraissent avoir appris,
» aux dépens de leurs mères, que le fleuve
» de Tendre offre une navigation semée
» d'écueils, et qu'il est beaucoup moins pé-
» rilleux de le traverser dix fois que de le
» descendre une; après tout, ajoute-t-il, le
» meilleur moyen de se mettre à l'abri du
» soupçon, c'est de ne pas lui donner le
» temps de naître. »

Je n'ai pas besoin de réfuter sérieusement cette impertinence; je ne recherche pas une cause, j'observe un fait. Soit principes, soit calculs, soit plutôt cet esprit d'indépendance qui s'est emparé d'elles, la sagesse parmi les femmes, est décidément à la mode. C'est vous attester son existence sans vous garantir sa durée.

Tout le monde se plaint à Paris de la décadence de la littérature; c'est aux femmes surtout qu'il faut s'en prendre. Non-seulement elles n'aiment plus, elles ne protégent plus les lettres, mais elles les traitent avec un dédain tout-à-fait ministériel; en revanche, la musique et la peinture sont auprès d'elles en grande faveur. Non-seulement elles ont le goût le plus vif pour ces deux arts, mais elles les cultivent avec le plus grand succès; et si je voulais vous citer tous les talens du premier ordre, c'est parmi les femmes des plus hautes classes de la société que j'en irais chercher plusieurs exemples.

On ne change point sa nature; il est probable que toute coquetterie n'est pas éteinte au cœur de ces dames; mais j'observe (comme un des changemens les plus singuliers qui se soient opérés dans leurs mœurs) qu'elles en cachent le manége avec un soin extrême. Il n'y a plus à Paris que les sottes qui soient coquettes, et je suis fâché de vous dire que deux de vos plus jeunes amies sont du nombre.

A défaut des mœurs politiques des Anglais, nous paraissons devoir adopter ici leurs mœurs sociales (vous conviendrez que nous pouvions faire un meilleur choix); nous avons beaucoup de cercles (on les appelle déjà *routs*), et très-peu de sociétés intimes; je ne crois pas qu'il y ait maintenant à Paris dix maisons où l'on reçoive plus d'une fois par semaine, et où il y ait ce jour-là moins de cent personnes.

Les femmes de la haute société se divisent aujourd'hui en trois classes bien distinctes : les femmes de la cour d'aujourd'hui, les femmes de la cour d'autrefois, et celles de la cour de tous les temps, c'est-à-dire les femmes d'une très-grande fortune. Avec un peu d'expérience du monde, on reconnaît les unes et les autres au premier coup d'œil.

Depuis l'année 1796, célèbre dans les fastes de la danse par les bals de Richelieu, et surtout par ce bal des *Victimes* où l'on n'était admis que sur la preuve qu'on avait perdu au moins un proche parent sur l'échafaud de la terreur, jamais on n'a autant dansé à Paris qu'on ne l'a fait cet hiver.

S'il est vrai que cette fureur de rigaudons soit l'expression du bonheur public, les ministres ont raison d'affirmer que jamais les Parisiens n'ont été plus heureux.

On a d'ailleurs beaucoup de peine à s'expliquer autrement cette manie de bals à une époque où le talent de la danse est tout-à-fait négligé.

Je me rappelle le temps où l'on se pressait, où l'on montait sur les banquettes pour voir des contredanses où figuraient mesdames H.... G.... T... L.. C..., etc., etc., avec MM. Tre.... Chat... B.-F. Dup.. : aujourd'hui, ce qu'on évite le plus soigneusement dans un bal, ce sont les salons où dansent, c'est-à-dire où piétinent en cadence trente ou quarante couples qui se mêlent avec assez d'adresse pour se retrouver à point nommé dans cette brillante cohue.

Je pourrais vous rendre compte de tous les bals où j'ai assisté cet hiver, à peu près dans les mêmes mots que madame de Lafayette, et vous dire : « Je m'y suis beau- » coup amusé, on n'y dansait point ; la salle

» était si pleine, qu'on ne pouvait y respi-
» rer que les uns après les autres ; les or-
» donnateurs de ces fêtes avaient donné des
» ordres pour que personne n'entrât sans
» billet, mais ils avaient donné des billets à
» tout le monde. »

Tout en convenant qu'on danse aujour-d'hui beaucoup moins bien qu'autrefois, il est juste de dire que l'orchestre et la musique des bals se sont beaucoup perfectionnés ; je suis prêt à reconnaître la supériorité incontestable de la maison Colinet et compagnie, sur les Gallois, les Julien, ses prédécesseurs, pour la fourniture des violons, fifres et bassons dont se compose l'orchestre des bals actuels ; j'ajoute que les plus beaux morceaux de Rossini y sont exécutés sur les mouvemens de la *poule* et de la *trénis ;* vous voyez bien que les grands bals ne sont plus que de mauvais concerts : à cela près, des tapis couvrent le pavé des cours ; l'escalier, le vestibule, sont transformés en bosquets de fleurs ; des femmes resplendissantes de beauté, de grâces et de parures, se pressent, se froissent dans des salons immenses, éclairés du feu de mille bougies ; tandis que les hommes, réunis presque tous autour des tables d'écarté, où l'or s'amoncèle, abandonnent ces dames aux soins de quelques jeunes gens qui se dévouent à la danse à la prière de la maîtresse de la maison. Dans ces *routs* on ne semble s'occuper que de résoudre le fameux problème de l'évêque Berkeley : Combien d'êtres humains peuvent tenir dans une situation perpendiculaire sur quelques toises carrées ?

Mais pour mieux vous faire remarquer les trois nuances dont se compose la couleur des femmes dans ce grand monde que les Anglais appellent plus exactement *high life*, je me vois forcé de rétrograder de quelques semaines, et de me reporter avec vous dans une de nos plus brillantes soirées d'hiver.

J'ai obtenu un des quinze cents billets d'invitation distribués pour le bal du baron Deslingots; il est dix heures, nous montons en voiture, mais nous prenons la file à demi-quart de lieue, et il est minuit lorsque nous arrivons.

Vous admirez les progrès du luxe en traversant, sur de riches tapis, le péristyle et les vestibules, et vous avez pris votre parti sur le désagrément que je vous ai fait craindre de rester sur l'escalier, en le montant sous une voûte de jasmins et de lilas.

Avant d'entrer dans les appartemens, un valet de chambre nous a conduits dans le vestiaire, où se déposent les fourrures, les schals et les manteaux. Arrêtons-nous un moment dans ce lieu, que décorent deux immenses Psychés : aucune des femmes qui s'y trouvent n'en sortira sans s'être assurée si son pardessus n'a pas froissé sa garniture, si quelque boucle de cheveux n'a pas pris une fausse direction, mais surtout sans rejeter en arrière les plis de sa robe, de manière à accuser la molle inflexion des hanches, qui donne tant de grâce à la taille.

Nous voilà dans la seconde antichambre, transformée en premier salon, au moyen de quelques draperies relevées par des crépines : nous sommes retenus dans la pièce suivante par une foule d'hommes qui n'ont pas encore pénétré plus avant, et qui sont distribués par groupes ; je vais de l'un à l'autre, et je vois que dans tous, même dans ceux où des décorations de tous les pays semblent annoncer une réunion de militaires et de diplomates, il n'est question que du rachat des rentes; je me crois encore à la bourse.

Nous pénétrons enfin, après avoir traversé avec une peine infinie trois salons magnifiques où l'on fait semblant de danser, dans la grande galerie où se promènent, entre deux rangs de femmes assises, la foule brillante des danseurs et des danseuses qui attendent ou qui laissent passer leur tour.

Avant d'arriver aux portraits, prenons une idée de l'ensemble du tableau : vous pouvez vérifier ici une vérité d'observation que je ne me charge point d'expliquer. Des deux générations de femmes qui peuplent ce bal, la plus belle est incomparablement la moins jeune : parmi ces dernières, on n'en peut citer qu'une à qui sa fille dispute le prix de la beauté. On dirait que le temps a glissé sur ces belles figures de quarante ans, et qu'il a craint d'y laisser la moindre trace.

Jamais plus de goût, de grâce et d'élégance n'a présidé à la parure des femmes;

on n'y remarque aucun genre d'affectation ou d'imitation ; les robes paraissent faites pour parer le corps et même un peu pour le couvrir ; la taille, que nos dames remontaient, il y a quelques années, jusqu'aux épaules, tandis que les Anglaises la descendaient au-dessous des hanches, est maintenant mesurée sur cette nature choisie que l'art doit toujours se proposer pour modèle.

Parmi tant de coiffures presque aussi variées que les traits du visage, vous n'en trouverez qu'une que le bon goût réprouve ; c'est cette espèce de toque appelée, je ne sais pourquoi, *Trocadero*, et qui donne à la tête d'une femme l'air d'une redoute que je ne veux pas appeler par son véritable nom, pour ne point effaroucher les maris.

Une autre observation générale qui ne vous échappera pas, c'est l'apparence de malaise et de préoccupation que je remarque sur toutes ces physionomies, et qui perce à travers le désir de plaire dont elles sont toutes animées.

Cette uniformité de grâces affectueuses, de manières élégantes, ne vous permet pas de distinguer au premier coup d'œil les différentes classes de femmes dont je vous ai parlé ; approchons-nous et regardons de plus près.

Voyez-vous cette dame assise de côté sur un grand fauteuil au fond de la galerie : un peu moins de rouge, et sa parure très-simple passerait pour être négligée ; il y a tant de naturel, tant d'habitude, et je dirais presque tant de goût dans cet air d'aisance qui la distingue, que vous n'osez pas le qualifier du nom de hardiesse. Vous vous faites également illusion sur les caresses dont elle accable cette jeune dame qu'elle vient de faire asseoir à ses côtés : la manière dont elle penche la tête, le clignotement d'yeux dont elle accompagne un sourire où d'autres que moi ne verraient que de la bienveillance, le son de sa voix bref et traînant tour à tour ne me permettent pas de douter un moment que cette dame n'appartienne à la cour d'aujourd'hui : si nous interrogions la jeune personne qu'elle vient d'accueillir si gracieusement, vous verriez que celle-ci est complétement la dupe d'une politesse qui n'est, de la part de l'autre, qu'une déclaration de supériorité.

Nous voilà comme tant d'autres faisant cercle autour d'une touffe de femmes, qui font ce qu'on appelle événement par leur beauté. Plus embarrassé que Pâris, à laquelle de ces quatre déesses adjugerons-nous la pomme? Vous l'entendez; chacune a ses partisans : les uns préfèrent cette dame à la taille la plus élevée et la plus élégante, aux yeux noirs de l'expression à la fois la plus vive et la plus douce ; les autres se décident pour cette figure charmante qu'embellit un sourire plein de grâce ; ceux-ci ne peuvent détourner les yeux de cette beauté parfaite que Praxitèle eût choisie pour modèle ; ceux-là laissent tomber un regard d'artiste sur cette belle tête qu'a devinée Raphaël en peignant une de ses vierges.

Sans accepter le rôle d'arbitre dans cette question si délicate, quelle est la plus belle ? je rentre dans mes fonctions d'observateur, et je décide, à certains charmes inexprimables, à je ne sais quel air de triomphe tempéré par l'expression du regret, que ces dames ont fait l'ornement de la cour d'autrefois.

Remarquez bien cet autre groupe de femmes : vous êtes moins frappé de l'éclat de leur parure que de l'espèce d'indépendance où elles se montrent de l'opinion de leurs rivales. Placées entre les supériorités d'hier et les prétentions d'aujourd'hui, l'assurance de leur maintien naît de la certitude où elles sont de ne pouvoir être dépossédées des avantages dont elles jouissent, sous la protection de leurs pères ou de leurs époux : ceux-ci tiennent en main le sceptre de l'industrie, et leur puissance est indestructible ; ils règnent sans ministres.

E. J.

N°. X. — 17 *février* 1824.

DIXIÈME LETTRE.

SUR LES POURQUOI.

Tes *pourquoi*, dit le dieu, ne finiraient jamais.
VOLTAIRE.

Vous ne vous attendez pas que je réponde à tous les *pourquoi* de votre vieil ami et aux vôtres. Il suffit d'une ligne pour exprimer une question que des volumes ne pourraient éclaircir. Nous sommes bercés de rêveries, entourés de mensonges; nous voyons des effets dont les causes échappent à notre vue débile; nous invoquons vainement la lumière; elle n'éclaire que les surfaces, et ne les éclaire que d'un jour douteux. Nous appelons à notre secours cet instinct de la nature humaine pompeusement décoré du nom de raison. Mais ses jugemens ne sont pas infaillibles. Voulez-vous que je vous dise ma pensée toute entière, il n'y a de vrai pour nous que les émotions de notre cœur, que le sentiment intime de notre conscience. Nous pouvons raisonner sur tout; c'est une faculté de l'esprit humain; c'est un travail qui nous enlève à la triste contemplation des choses extérieures; c'est un besoin pour tous les hommes; c'est même quelquefois un amusement; il y a de la cruauté dans ceux qui veulent nous l'interdire.

Je veux cependant m'y livrer un moment à mes risques et périls; je vais rappeler quelques-uns de vos *vourquoi*, qui me fourniront le texte de quelques bonnes ou mauvaises observations. J'aurai du moins le mérite de la brièveté. « Pourquoi me demandez-vous, cette âme de prince s'est-elle logée dans le corps d'un pauvre artisan? »

Dites-moi d'abord ce que vous entendez par ces mots : *âme de prince* et *âme d'artisan?* Croyez-vous qu'il existe une inégalité primitive entre les âmes, de telle sorte qu'il y en ait de privilégiées qui n'établissent leur domicile que dans les cours, tandis que le vulgaire des âmes se partage les autres conditions de la société? Ce n'est certainement pas là votre idée; vous savez comme moi combien d'âmes abjectes ont vécu sous la pourpre et déshonoré le diadème. Ainsi vous entendez par *âme de prince* une âme forte, généreuse, accessible à tous les nobles sentimens. Dans cette dernière hypothèse, il n'y a d'étonnant dans la question que la question elle-même.

Je vous dirai à mon tour : « Pourquoi ne voudriez-vous pas que le corps d'un artisan, c'est-à-dire d'un homme laborieux, dont l'industrie est utile à la société, logeât une âme élevée ? ne vous laissez pas séduire par les apparences ; écartez ce pompeux étalage de luxe qui couvre tant de misères ; chassez ce peuple d'adorateurs, entrez dans le temple où l'encens fume de toutes parts, et contemplez l'idole ! voyez si elle est de près ce qu'elle vous apparaissait de loin. Hélas ! c'est une créature de notre imagination, fragile comme toutes les autres, et destinée à tomber en poussière.

De grandes âmes ont habité des palais ; mais ce sont des exceptions ; on en trouve aussi sous le chaume ; ce sont encore des exceptions. Les premières ont eu la fortune pour elles, et les autres l'adversité ; celles-là ont été connues, celles-ci oubliées ; voilà la différence.

J'ai connu des laboureurs, j'ai fréquenté des ateliers; à travers l'inculte âpreté du langage, la rudesse des manières et la simplicité des vêtemens, j'ai reconnu des vertus positives, j'ai vu en réalité ce qu'on ne voit ailleurs qu'en apparence : l'honnêteté du cœur, les douces affections de famille, le respect de la vieillesse, l'amour de la patrie, et j'ai eu plusieurs fois l'occasion de dire : « Pourquoi l'âme de cet artisan n'est-elle pas logée dans un corps de prince?

Vous voudriez savoir pourquoi à tous les âges, dans tous les rangs, il y a tant d'égoïsme et si peu d'esprit national. C'est comme si vous me demandiez pourquoi l'état actuel de la société porte ses fruits. Cette réponse servira à résoudre plusieurs de vos questions, entre autres celle-ci : « Pourquoi l'homme qui pouvait faire de bons chapeaux fait-il de mauvais sermons? » Ne voyez-vous pas que parmi nous tout se règle par le profit ? L'abbé Macaire était le fils d'un honnête chapelier ; ses premiers regards tombèrent sur des chapeaux de toutes les formes ; il a vu long-temps s'arrondir sous des mains industrieuses le feutre modeste et l'orgueilleux castor ; initié dans tous les mystères de la fabrication, il pouvait donner à son père un digne successeur ; mais l'abbé Macaire réunissait la paresse à la fierté. Il voulut s'élever au-dessus de la profession paternelle et sollicita l'entrée d'un séminaire. Ses vœux furent exaucés : il s'aperçut bientôt que la carrière de la parole conduisait à la considération et aux dignités. Il se fit orateur, très-médiocre à la vérité, mais enfin il se mit en évidence : sa voix sonore, son geste impétueux, une bonne mémoire, lui tinrent lieu de connaissances et de talent ; il parvint : toutes les églises de la capitale retentirent de ses conférences et de ses prédications. Je l'ai perdu de vue depuis cette époque ; mais je ne serais pas surpris de le retrouver cardinal. Mettez d'un côté l'assiduité d'un travail pénible, de l'autre, la perspective de la mitre et de l'opulence ; vous comprendrez alors facilement pourquoi tant d'hommes qui pouraient faire de bons chapeaux fabriquent de mauvais sermons.

Parmi les questions que vous m'adressez, il en est une que vous pourriez expliquer plus aisément que moi, vous qui avez obtenu, à juste titre, des succès dramatiques de plus d'un genre et qui vous débattez, comme d'autres écrivains distingués, dans les entraves de la censure. « Pourquoi, dites-vous, le théâtre des mauvaises mœurs et du mauvais langage est-il devenu, depuis dix ans, le rendez-vous de la bonne compagnie ? »

Passons sur la bonne compagnie, qui, selon toute apparence, n'est pas au fond meilleure qu'une autre ; et arrivons à la question. Qu'allons-nous chercher au théâtre ? le tableau fidèle et piquant des mœurs contemporaines, la peinture des vices et des ridicules de l'époque. Or rien de tout cela ne peut exister avec la censure ; elle ne paraît instituée que pour écarter de nos yeux la peinture vraie de nos mœurs, et accorde aux ridicules du jour, aux vices dominans sa toute-puissante protection. J'ignore si c'est la faute des censeurs ; mais il est évident que c'est le résultat de la censure. La crainte des allusions malignes est devenue si forte qu'on en trouve partout. Vous vous plaisez à peindre un orgueilleux parvenu qui se méconnaît dans sa haute fortune, qui fait continuellement la roue comme un paon fier de son plumage, et dont la nullité se cache sous une solennité de théâtre ;

vous faites mouvoir ce sot personnage; vous le placez dans des situations comiques; vous l'attachez à une action dramatique pleine de mouvemens et d'intérêt; et vous rêvez déjà les applaudissemens d'un parterre idolâtre. Vaine espérance! vous ne pensiez à personne; d'autres y penseront pour vous, ils désigneront même le modèle, et l'œuvre de vos veilles restera captive dans le portefeuille. Voulez-vous livrer à la risée publique la fatuité décorée, les intrigues de l'ambition, les ruses de l'hypocrisie, la mobile servilité de caractère, le jeu effréné de l'agiotage; brisez vos pinceaux, vos peintures ne seront jamais admises à l'exposition. Mais la nature, mais la vérité...? Tout cela n'est plus de notre siècle.

Plus d'un homme de talent, ne pouvant choisir ses modèles dans les hautes classes de la société, s'est adressé à la classe inférieure, et c'est là qu'il trouve quelque indulgence. On lui permet d'exposer sur une scène triviale l'ambition d'un porteur d'eau, la vanité d'un coiffeur gascon, la coquetterie d'une marchande de modes, les intrigues de l'entresol, les vices du rez-de-chaussée. Comme il y a dans ces esquisses de la vérité, du naturel, on y court, on s'y presse, on applaudit avec fureur, tandis que la scène française, illustrée par tant de chefs-d'œuvre, est frappée de stérilité.

Vous me demandez aussi pourquoi le talent que l'on idolâtre ne peut réussir chez nous sans intrigue et percer sans cabale. Cette question a été faite dans tous les temps, et toujours on a dû faire la même réponse.

Il existe dans l'homme, tel qu'il a été modelé par les formes sociales, une grande répugnance à reconnaître des supériorités intellectuelles. Il a besoin d'être averti plus d'une fois du mérite qui est devant lui pour qu'il consente à le reconnaître ; il faut lui ouvrir les yeux pour qu'il se détermine à voir. Que sera-ce, si l'on veut obtenir son admiration? C'est à ce sentiment général qu'il faut rapporter l'origine des intrigues, des cabales, des coteries. Une coterie est une espèce de société d'assurance mutuelle qui garantit contre tous les accidens le succès littéraire de ses membres. Molière s'en plaignait; Voltaire s'en est plaint après lui; on s'en plaindra toujours, et le monde n'en ira pas plus mal.

Il est fâcheux que le talent s'abaisse à des manœuvres qui ne conviennent qu'à la médiocrité. Mais vous m'avouerez que les exceptions, même aujourd'hui, ne sont pas rares. Elles devraient l'être encore plus, me direz-vous, et je serai de votre avis.

Mais c'est un mal inévitable quand la concurrence est grande, que les jalousies sont excitées, et avec un public qui passe avec tant de rapidité de l'engoûment à l'indifférence. D'ailleurs l'esprit de parti s'en mêle; ce ne sont pas les ouvrages qu'on juge, ce sont les opinions; et c'est par celles-ci qu'on parvient. On s'inscrit sous un drapeau pour faire valoir un poëme; on arbore une couleur pour assurer le succès d'une tragédie. Cette espèce d'intrigue est la plus commune; elle appartient à l'époque.

Nous sommes dans le tourbillon du jour, et nous en exagérons la durée. Demain il ne sera plus; demain une autre génération, indifférente à nos agitations, à nos craintes, à nos espérances, se lèvera pour nous juger comme nous jugeons nos anciens, avec calme et avec équité. Les bons ouvrages, ceux où l'on reconnaîtra des sentimens généreux, des pensées justes, des idées utiles, resteront; tout le reste s'en ira en fumée. Je réponds à tous vos pourquoi par un seul : Pourquoi s'inquiéter de la folie contemporaine ? A. J.

N°. XI. — 19 *février* 1824.

ONZIÈME LETTRE.

LES FEMMES AU JUGEMENT DERNIER.

O frailty! thy name is woman.
SHAKSPEARE.

« Le synonyme du mot *femme* c'est le mot *faiblesse*. »

Il est plus facile d'accuser un sexe que d'excuser l'autre.
MONTAIGNE, liv. III.

Il était minuit, je venais de lire les Confessions de Jean-Jacques, et je réfléchissais à la profondeur de cet abîme que l'on nomme le cœur humain. De toutes les sciences, la moins avancée, me disais-je, est certainement l'étude de l'homme. Quelles lumières sur nos pensées, sur nos sentimens secrets, sur nos innombrables faiblesses, ne jailliraient pas d'une confession universelle faite par tous les hommes avec la même audace de franchise qui caractérise les mémoires de l'immortel Génevois!

Mais si nous ne savons presque rien sur nous-mêmes, si l'histoire de notre âme est une énigme impénétrable, nous connaissons bien moins encore cette autre moitié du genre humain, avec laquelle nos alliances les plus intimes sont encore des combats ; je veux parler des femmes : langage, pensées, formes, habitudes, tout diffère entre nous; une histoire des femmes manque et manquera toujours à la littérature de tous les pays. Les femmes connaissent trop bien leurs intérêts pour se peindre autrement qu'en buste ; et les hommes qui voudront parler d'elles trahiront toujours leur prévention ou leur ignorance...

Elles ont des secrets d'état qu'elles seules pourraient révéler et qu'elles ne révèleront pas. Le vicomte de Ségur a écrit sur ce sujet attrayant un livre plein d'esprit, qui ressemble à un voyage imaginaire. Thomas les a pesées au lieu de les peindre ; Diderot leur a consacré ses hymnes, et Juvénal les a déchirées dans ses satires. Toutes les médailles de ce poëte le représentent horriblement laid : il avait le nez camus, les yeux petits, les cheveux crépus; maltraité par la nature et par les femmes, il s'en est vengé par des injures. Le dépit est souvent plus cruel que la haine.

Le secret que les femmes gardent si bien sur leur compte s'explique par cette seule observation : Les femmes perdent à se faire connaître ce qu'elles gagnent à se laisser voir.

Il faut avouer que les plus grands hommes ont débité les plus grandes sottises.

quand ils ont voulu juger et définir les femmes. Aristote ne soutient-il pas, avec un orgueil très-peu philosophique, que la nature ne s'avise de former les femmes que lorsque l'imperfection de la matière dont elle fait usage, ne lui permet pas d'en fabriquer des hommes! Selon ce précepteur d'Alexandre, le but unique de la nature est d'engendrer des hommes, et c'est par impuissance qu'elle produit l'être sans lequel l'autre ne saurait se perpétuer. Quel pitoyable raisonnement!

Pendant que je causais ainsi avec moi-même, et qu'en me moquant d'Aristote je cherchais à pénétrer le mystère féminin, une idée assez bizarre traversa mon esprit, j'allai jusqu'à imaginer qu'il n'était pas impossible de se procurer un talisman qui obligerait un jour les femmes à tous les aveux que rien n'a pu leur arracher jusqu'ici. Quel trésor qu'un tel talisman pour un observateur! que de confessions pénibles, que de singulières confidences! qui me cachera dans un petit coin de la salle où se passerait une pareille scène!

C'est un privilége, ou si l'on veut une infirmité de mon esprit, de s'exalter sur l'objet qui m'occupe exclusivement, jusqu'à réaliser à mes yeux la pensée la plus extravagante, et à donner tout à coup un corps aux fantômes de mon imagination.

Le tonnerre gronde, les éclairs brillent, les quatre trompettes sonnent, les groupes de Michel-Ange se reproduisent sur la voûte céleste; un ange femelle parcourt les airs en déployant l'écharpe d'Iris, sur laquelle je lis ces mots: *Jugement dernier des femmes*. Au même instant une flotte aérienne remplit l'espace, et des milliers de barques où s'entassent les âmes de toutes les générations féminines, viennent aborder sur tous les points de la vallée de Josaphat, où vient s'abattre l'ange messagère de l'Éternel. Un long roulement de la foudre a commandé le silence, et j'entends distinctement ces mots : « Les hommes sont jugés ; que les femmes de tous les pays et de tous les âges renaissent à ma voix ; voici le jour de la sentence universelle. »

Quelque adorateur que je sois du beau sexe, cette convocation générale effraya ma curiosité. La vieillesse et la laideur devaient nécessairement se trouver en grande majorité dans ce congrès de siècles féminins : quelle fut ma surprise quand la plus ravissante variété de beautés et de grâce apparut à mes yeux dans cette vallée redoutable ! A ma terreur succédèrent des émotions plus douces, dont l'ivresse m'empêcha quelque temps de porter sur toutes ces femmes le regard impassible de l'observateur. Quand ce premier trouble fut passé, je vis plusieurs anges occupés à classer ces dames par groupes de nations; et mon œil enchanté parcourut avec une volupté plus paisible tout ce que la nature, dans sa longue fécondité, a produit de beautés sur la terre; car, je dois le dire, les plus belles avaient soin de se placer aux premiers rangs, et l'ange, qui appartenait au même sexe, semblait favoriser cette coquetterie vivante encore après le trépas.

Je reconnaissais l'odalisque aux formes onduleuses, aux yeux de gazelle et au teint cuivré; la fille des bords de la Tamise, aux yeux bleus et aux longs cheveux blonds, à la démarche languissante; la Romaine, aux regards plus étincelans encore que le jais de sa chevelure; la Française svelte et légère, plus remarquable encore par la naïveté de sa grâce et l'élégance de sa pose que par la perfection de ses traits; les femmes des contrées les plus sauvages devaient un certain charme à leur jeunesse. Une remarque que mon admiration ne me permit pas de faire plus tôt, vint pourtant frapper mon esprit. Comment parmi ces légions innombrables de femmes ne s'en trouvait-il pas une qui parût avoir plus de trente ans? J'allais en demander la raison à l'ange inspecteur, quand il adressa lui-même la question suivante à cette jeune milice.

« Qu'avez-vous fait dans votre vie ? » Un seul mot, un mot de deux syllabes sortit à la fois de toutes les bouches ; je le laisse à deviner à celles de ces dames qui vivent encore.

« Je le savais, reprit l'ange; mais comment l'avez-vous fait ? voilà sur quoi vous devez me répondre. » Alors il s'éleva un murmure confus, un chuchotement général auquel l'ange lui-même ne pouvait rien entendre; c'était la tour de Babel reproduite au jugement dernier.

J'admirai l'ordre que l'ange établit dans

ce tumulte; il choisit dans chaque groupe une seule femme qu'il chargea de représenter sa nation, et lui donna la parole au nom de ses concitoyennes. De petits anges, distribués çà et là, étaient chargés de recevoir les confessions particulières qui sortaient de l'ordre commun. J'étais toute attention.

Une Indienne parla la première; c'était la nature même. Elle avait fait de la volupté sa vertu, et le nombre de ses amans était son orgueil. Consacrée au service des dieux et plus spécialement aux plaisirs des brahmes, elle avait rempli sa double destinée avec un zèle infatigable; elle s'était mariée à vingt-huit ans avec le plus riche et le plus vieux banian de la contrée; il était mort six mois après, et, pour satisfaire à l'usage, elle s'était brûlée avec lui. Amour, ignorance, abandon, telle était l'histoire de sa vie.

Vint ensuite le tour d'une belle Anglaise, qui, d'un ton prude et doctoral, raconta (toujours avec la plus grande délicatesse) les douze perfidies dont elle avait été victime. Romanesque à quinze ans, sentimentale à vingt, dévote à vingt-cinq, toujours tendre, elle aurait pu épargner à son auditoire la longue narration des voyages de son cœur et l'analyser en trois mots : besoin d'aimer, pruderie et prétention.

« La grande, l'unique affaire de ma vie a été (dit la Française) celle de toutes ces dames : j'ai fait précisément ce qu'elles ont fait : l'amour. Vous voulez savoir comment ? En honneur, je serais embarrassée de répondre... » — Il est vrai qu'on a besoin d'une grande mémoire, interrompit l'Anglaise avec humeur, quand on a tant à raconter. — L'ange imposa silence à la prude, et ordonna à la Française de continuer. Elle reprit :
« Milady a bien quelque raison ; beaucoup

de sentimens m'ont effleuré le cœur ; mais d'autres objets plus sérieux m'attachaient à l'existence. Je dansais à ravir, je causais à merveille, je faisais les honneurs de chez moi avec une grâce inimitable; et cependant les plaisirs n'ont pas occupé toute ma jeunesse ; j'ai par-ci par-là rendu quelques services : le vieux général B*** m'a dû sa pension de retraite, et je me souviens d'avoir sacrifié cinq à six mille francs que je destinais à une promenade à Longchamps, pour doter une jeune fille qui n'avait d'autre recommandation auprès de moi que sa vertu et sa pauvreté : veuve, j'ai beaucoup aimé le mari que j'avais perdu ; je ne ferai point ici le récit de mes aventures ; je ne veux pas, comme cette jeune brune de l'Indoustan, raconter avec ingénuité les folies que je me suis permises, et encore moins, à l'exemple de cette vaporeuse lady, faire de la pruderie avec de l'innocence. Légèreté, grâce, amour, caprice et bienfaisance, voilà ma vie toute entière. »

Toutes les femmes se mirent à chuchoter : il était impossible de ne pas s'apercevoir de l'envie qu'elles portaient à la Française.

L'Italienne, qui prit ensuite la parole, raconta vivement les trois mésaventures qui avaient autant de fois empêché son mariage; les trois pensions qu'elle avait reçues d'un cardinal, de son fils et de son neveu; elle fit le récit fidèle de ses pratiques de dévotion, et raconta avec quelle attention respectueuse elle avait soin de couvrir chaque soir d'un voile épais le visage de sa madone : l'ange sourit; l'Italienne se tut, il n'y avait qu'une chose, une pensée, une action, un souvenir, un culte véritable dans la vie de l'Italienne, l'amour; mais l'amour tel que les sens l'entendent, tel que la nature l'a fait.

« Hélas! s'écria l'Allemande, lorsque la belle Italienne eut achevé son discours, j'ai passé ma vie à chercher ou plutôt à essayer mon *idéale*; j'avoue que mes recherches m'ont quelquefois entraînée loin, et que mon existence a été un long voyage de découverte. Le sentiment m'a toujours servi de guide; pourquoi le ciel m'avait-il donné ces yeux d'azur, dont la flamme humide attirait l'amour sans le fixer? L'innocence de mes pensées ne s'est point ternie dans le cours de dix intrigues amoureuses : et le peintre de Munich qui m'épousa trouva le bonheur dans mes bras. Si j'eusse écrit mes mémoires je les aurais intitulés la *Coquetterie sentimentale* ou *le vague des sentimens porté dans le positif de l'amour.* »

L'ange complimenta l'Allemande sur la finesse d'observation et la sagacité métaphysique avec laquelle elle avait eu soin de s'apprécier elle-même. « Jeune Américaine des États-Unis, poursuivit-il, voici votre tour; qu'avez-vous fait? »

« Rien que des enfans, répondit-elle; mais on doit m'en tenir compte comme autant de bonnes actions, car ces enfans sont devenus des hommes libres. »

Pendant que l'on procédait à cet examen général, les confessions particulières se terminaient, et les anges chargés de ce soin faisaient leur rapport. Toutes les femmes attendaient en silence le résultat de cette grande journée. Tout à coup un jour pur éclaire la scène, et l'ange prononça d'une voix harmonieuse, le petit discours suivant.

« Si les maris, les amans et les pères siégeaient ici à ma place, mesdames, la sentence qu'ils porteraient contre vous serait sans doute plus cruelle. Élevé par ma nature au-dessus des faiblesses de cette humanité qui voit aujourd'hui briller son dernier

AU JUGEMENT DERNIER. 215

jour, je vous remets la plus grande partie des fautes qui ont marqué chaque jour de votre existence, et dont la liste, gravée sur ces immenses tables d'airain, servira de leçons aux mondes futurs. Beaucoup vous sera pardonné, à vous qui avez beaucoup aimé. Vos faiblesses sont l'ouvrage des hommes : étonnées et ravies de céder à la séduction, et douées d'une sensibilité plus vive, vous n'avez opposé le plus souvent qu'une molle résistance qui demandait à être vaincue, ou vous avez fait honneur à vos principes de cette sévérité qui n'était qu'une coquetterie de plus, faiblesse pardonnable, que votre organisation même vous imposait. Ne tremblez donc pas, vous qui avez pendant votre vie connu quelques sentimens véritables, vous serez pardonnées. Mais vous, tartuffes de vertu, qui cherchiez dans le mystère de vos amours un droit pour haïr et pour nuire; mais vous dont le cœur sec ne s'est pas un moment épanoui, furies de médisance, qui cachiez vos poignards sous le scapulaire; femmes d'intrigues qui du lit des monarques et des grands, où vous reposiez nonchalamment couvertes des tissus de l'Inde et de la Perse, avez opprimé le peuple; allez dans l'abîme, et tombez à jamais dans des profondeurs moins obscures que votre âme.

» Quant à vous, femmes voluptueuses ou légères, le bien que vous aurez fait décidera du sort qui vous attend. Soit que vous ayez déguisé sous la mysticité germanique ou sous la grâce française ce bonheur d'être belles, et ce besoin d'être aimées qui vous occupait tout entières, l'amour vous sera pardonné; le ciel n'est inexorable que pour la haine, l'envie, la dureté du cœur, le mensonge et la perfidie.

» Vous qui fûtes belles et qui fûtes sages, autant du moins que les hommes pouvaient l'espérer d'un sexe dont la sagesse détruisait l'empire et dont la faiblesse était l'essence ; vous qui, par l'emploi brillant de vos talens, avez fait la gloire et le bonheur des hommes, un doux Élysée, un immortel bonheur vous attendent. »

Je vis alors s'élever d'un côté un palais magnifique, dont l'imagination seule pourrait mesurer l'étendue. De l'autre côté se projetait sur un abîme, dont le fond échappait aux regards qui voulaient en sonder la profondeur, un pont d'une étendue immense, et qui, semblable à la fameuse arche de l'Alcoran, n'offrait dans toute sa longueur qu'une lame étroite et aiguë, plus fine et plus aiguisée que celle d'un rasoir : mon esprit s'étonnait lui-même des merveilles qu'il se plaisait à créer ; je cherchais vainement à deviner la double destination de l'édifice magique et du pont miraculeux ; l'ange prit encore une fois la parole.

« Il vous a plu, mesdames, de mourir toutes, sans exception, jeunes et belles. Je ne vois ici que des Orientales de douze à quatorze ans, des Anglaises de dix-neuf, des Italiennes de vingt, des Françaises de vingt-cinq ans. La mort, ordinairement si bizarre dans les coups qu'elle porte, s'est avisée d'une singulière uniformité. Mais descendez un peu dans votre mémoire, consultez vos souvenirs, et soyez bien sûres de l'âge précis où vous avez quitté le monde car celles-là seules traverseront sans danger le pont de l'abîme, qui s'y présenteront à l'âge qu'elles avaient au moment où elles ont cessé de vivre. »

Vous eussiez vu toutes les femmes se presser, s'agiter, et céder à leurs voisines le dangereux honneur du pas. L'ange avait beau leur crier : Passez donc, on vous attend de l'autre côté; presque toutes reculaient devant l'abîme, dont elles mesuraient avec effroi la profondeur. « Je m'aperçois, dit alors en riant l'ange rapporteur dans ce grand procès, que, même après leur mort, les femmes ne veulent pas convenir de leur âge, et que la laideur est pour elles le tourment le plus redoutable; qu'une métamorphose subite commence donc le supplice de celles que poursuit la colère céleste. »

Au même instant, les dévotes hypocrites, les intrigantes de cour, les tyrans femelles de toutes les conditions, les femmes ambitieuses, avares et cruelles, perdirent tous leurs charmes, et les rides de la vieillesse sillonnèrent à longs traits ces beaux corps, enveloppes insidieuses d'un cœur corrompu ou d'une âme perverse.

Celles qui n'avaient à expier que des erreurs conservèrent la beauté de leurs formes, mais se virent au même instant couvertes de la tête aux pieds d'une longue robe d'une étoffe épaisse, qui ne laissait deviner aucune des beautés dont elles étaient pourvues, et qu'elles ne devaient quitter qu'à l'expiration du temps plus ou moins long de leur pénitence. Parmi les femmes de cette dernière catégorie, j'en remarquai plusieurs, les plus coupables sans doute, dont le nez devint rouge, la voix rauque, et la tête absolument chauve.

Les véritables élues du ciel se distinguèrent tout à coup par une beauté divine dont la Vénus des Grecs, embellie de tous les charmes de Psyché et des Grâces, ne pourrait donner qu'une idée imparfaite.

Séparée en trois corps, l'armée des femmes s'avança sur le pont aigu; les réprouvées roulèrent dans l'abîme, les pénitentes restèrent suspendues au-dessus du gouffre et les élues arrivèrent à l'autre bord; mais je ne comptai qu'un bien petit nombre même de ces dernières qui achevât le trajet d'un pas ferme et sans chanceler sur la route.

Je les suivis jusque dans le palais céleste qui leur était destiné. La description de ce séjour des anges femelles appartiendrait de droit à nos auteurs romantiques ; eux seuls pourraient nous retracer ces coupoles de diamant s'élevant à perte de vue sur dix rangs de colonnes de rubis, de saphirs et d'émeraudes, d'où les rayons épurés du soleil font jaillir les flots d'une lumière émaillée des plus riantes couleurs ; ces fleuves de vif argent qui se dessinent en portiques, s'élèvent en gerbes, et retombent en cascades dans un lac immense, où flottent des îles de fleurs ; cet air embaumé, ces jardins où se jouent des myriades d'oiseaux d'un plumage plus brillant que le colibri, d'une voix plus mélodieuse que le rossignol. Je renonce à décrire ces merveilles, et je reviens à des observations qui me sont plus familières.

Dans quel langage humain trouverais-je

des expressions pour rendre la voluptueuse pureté du délire qui s'empara de moi en entrant dans la céleste Gynecée? Toutes les vertus, tous les talens, tous les sentimens généreux, toutes les passions aimables personnifiées, en ces lieux de délices, sous les formes toujours variées d'une éternelle jeunesse et d'une impérissable beauté! Au centre d'une des îles flottantes s'élève le *palais des Souvenirs*, où les femmes se revoient et se retrouvent telles qu'elles étaient sur la terre : au moment où j'y entrai, cinq femmes en sortaient; les unes en riant, et les autres les larmes aux yeux; je reconnus Agnès, Ninon, Héloïse, Corinne et Corilla.

L'histoire, l'éloge et la critique des femmes s'y trouvaient résumés en quelques sentences inscrites sur les colonnes de cristal qui soutenaient la coupole de ce léger édifice. J'en ai retenu quelques-unes.

— Les femmes ont des défauts; les hommes ont des vices.

—. Être ou chimère inconcevable, abîme de douleur et de volupté [1].

— La société dépend des femmes [2].

— Les vertus des femmes sont difficiles; la gloire n'aide pas à les pratiquer [3].

— Les femmes sont des maîtresses pour les jeunes gens, des compagnes pour les hommes mûrs, des nourrices pour les enfans et pour les vieillards [4].

— La vertu a quelque chose de plus aimable dans les femmes [5].

— La plus indifférente est quelquefois la plus sensible.

— Une belle femme avec les qualités

[1] Rousseau.
[2] Voltaire.
[3] Madame Lambert.
[4] Oxienstern.
[5] Duclos.

d'un honnête homme : perfection de l'espèce humaine.

— Les femmes ont plus ou moins de bon sens, à proportion des goûts qui les dominent.

— Il en sera des femmes comme des passions; on ne cessera de s'en plaindre, et l'on y reviendra toujours.

— La plupart des femmes ont des vertus que les occasions seules peuvent dévoiler.

— Quelque vertu qu'ait une femme, le caprice ne perd pas son droit.

— Les femmes dont le sentiment est fin, ont plus d'esprit que les hommes les plus spirituels.

— Les femmes, avec plus de sentiment, d'imagination, de goût et de finesse, auront moins de jugement et moins d'esprit que les hommes; incapables d'application, elles ne pourront avoir de génie; elles apprécieront tout et n'inventeront rien.

— L'erreur de la plupart des femmes est d'échanger des sentimens contre de l'esprit.

— La mémoire des femmes est plus dangereuse que leur esprit.

— Les femmes vulgaires connaissent la honte sans connaître la pudeur.

En sortant du *palais des Souvenirs*, j'entrai dans un bois de lauriers, au milieu duquel s'élève un temple d'une éclatante blancheur; sur le fronton je lus ces mots: *Dévouement sublime.* Au fond du sanctuaire je trouvai réunies le petit nombre de femmes qui ont laissé au monde, avec l'exemple du génie, de la force d'âme, une vertu sans tache, un courage inconnu à leur sexe, et souvent au-dessus du nôtre. Là se trouvait la noble *Aria*, sur le sein de laquelle se voyait encore la trace du poignard dont elle se frappa pour encourager Pétus; l'épouse de Sénèque, cette jeune

Pauline, qui s'ouvrit les veines près de son mari expirant ; *Lucrèce*, qui ne voulut point survivre à sa honte ; *Éponine*, qui partagea neuf ans la retraite souterraine où se cachait Sabinus, et qui le suivit sur l'échafaud ; *Jeanne d'Arc*, qui sauva la France ; *Boadicée*, qui sauva l'Angleterre ; l'adorable *Élisabeth de France*, qu'aucun péril, aucune menace ne put décider à séparer son sort de celui de son auguste frère ; *madame Roland*, qui se dévoua si généreusement pour son pays et pour son époux, qui montra l'âme de Socrate sous les traits d'une femme jeune et belle, et dont le courage fit pâlir ses bourreaux ; l'héroïque *Charlotte Corday*, qui poignarda le monstre qu'une nation toute entière ne savait que craindre et haïr ; *madame de Lafayette*, qui s'enterra vivante dans les cachots d'Olmutz, où son illustre époux expiait son dévouement à la cause de la liberté dans les deux mondes. Telle fut ma vision; j'ai voulu vous en rendre compte avant que la réflexion l'ait effacée de mon esprit.

E. J.

N°. XII. — 22 *février* 1824.

DOUZIÈME LETTRE.

LE PALAIS DE LA BOURSE.

> Si les Tartares inondaient aujourd'hui l'Europe, il faudrait bien des affaires pour leur faire entendre ce que c'est qu'un financier parmi nous.
>
> MONTESQUIEU, *Esprit des Lois*, liv. XXX, chap. XIV.

J'AI pensé que le caractère des institutions, des mœurs, des opinions nationales, était empreint sur les monumens publics de chaque époque, et qu'il suffirait d'étudier ces derniers avec attention pour arriver à la connaissance des autres. Dites-moi si cette idée ne vous a pas frappé en contemplant le nouvel édifice de la Bourse, magnifique palais qu'on pourrait justement nommer le temple de la Fortune.

J'admirais, il y a quelques jours, ces grandes lignes d'architecture monumentale, ces superbes colonnades qui se développent avec une majestueuse simplicité, annoncent à la fois les progrès de l'art et la perfection du goût : « Voilà, me disais-je, un monument qui représente l'époque toute entière ; l'histoire en sera gravée sur le bronze et le marbre qui doivent le décorer ; quelque jour, il suffira d'y jeter les yeux pour savoir quels ont été nos préjugés, nos habitudes et la nature même de notre gouvernement.

Obsédé par cette idée je me livre sans réserve à la puissance magique de l'imagination, elle me transporte dans l'avenir ; une longue série de siècles est écoulée. Paris, cette grande capitale de l'Europe civilisée, a subi les vicissitudes du temps et de la fortune ; le mouvement naturel des choses humaines a porté ailleurs le sceptre du génie et des arts. J'ignore si cet événement sera produit par une nouvelle irruption de barbares, ou par quelque terrible catastrophe de la nature; on ne saurait dans l'immensité des siècles assigner l'époque précise d'une telle révolution ; mais que signifient quelques milliers d'années de plus ou de moins. Rien ne peut changer l'arrêt du sort; il est écrit sur les cadavres de Memphis, d'Athènes et de Rome; le temps en sera l'exécuteur.

La révolution est donc consommée ; Paris n'existe plus; la Seine coule dans un désert; de vastes ruines s'étendent au loin sur ses bords. Tout est immobile, tout est calme dans ces lieux jadis si animés, qu'innondaient les flots d'une bruyante et active multitude; le silence général n'est interrompu que par le faible murmure des eaux du fleuve. Ce qui excite aujourd'hui l'ardeur de nos désirs, ce qui flatte notre orgueil est oublié. Les temples, les palais, tous ces grands édifices, achevés avec tant d'efforts, sont détruits; je me trompe, un seul reste debout, c'est celui de la Bourse; c'est ce monument du siècle que le génie des arts élève au génie de la finance.

Il reste encore, j'aime à le croire, ce qui ne devrait jamais périr; je veux parler des chefs-d'œuvre de la pensée. La langue française a survécu à ce vaste naufrage; ce n'est plus, il est vrai, qu'une langue savante; mais elle est cultivée avec assiduité; on l'étudie partout où la civilisation aura établi son empire. Mais quels sont les hommes qui représenteront la gloire littéraire de leur patrie? Viendra-t-il une époque de génie plus digne de mémoire que celle qui comprend les deux derniers siècles? les grands poëtes, les illustres écrivains que nous admirons à si juste titre, seront-ils surpassés? N'assignons point de terme aux progrès du génie; c'est en vain que nous voudrions emprisonner l'avenir dans l'étroite sphère de nos opinions.

Dans cet avenir, dont la pensée la plus pénétrante ne saurait déterminer l'époque, la cité française est encore l'objet d'une avide curiosité. De nombreux voyageurs, attirés par son antique renommée, viennent successivement interroger ses ruines. Les uns dessinent les débris de quelques marbres, ou mesurent les proportions de quelques colonnes; d'autres s'efforcent de déchiffrer diverses inscriptions, et s'étonnent de n'en pas trouver une seule dans la langue du pays. L'un de ces voyageurs, nouveau Volney, s'appuie sur un vieux tombeau dans le champ des sépultures, et contemple la nouvelle Palmyre. Ses regards sont fixés sur le seul édifice que le temps ait, en grande partie, respecté ; il cherche à en deviner la destination. Est-ce un temple, un palais, un théâtre ? Bientôt il erre sous les portiques silencieux. Des caractères s'offrent à sa vue ; il apprend qu'il se trouve au lieu même où se réunissaient jadis les publicains de l'époque. Il ordonne des fouilles et préside aux découvertes. Au lieu de vases précieux, de statues, d'antiques médailles, on ne retire du sein de la terre que d'informes lambeaux de papiers ; enfin un petit livre, d'une assez belle conservation, est rendu à la lumière. Notre savant, transporté de joie, s'en saisit avec ardeur ; il est au comble de ses vœux ; ce trésor, c'est le carnet d'un agent de change.

Toutes les pages du précieux livret soigneusement consultées, voici ce que le voyageur inscrit sur ses tablettes pour l'instruction de ses contemporains.

« Au milieu des grandes ruines de l'antique Lutèce, plus connue aujourd'hui sous le nom de Paris, s'élève encore un superbe palais où sont étalées toutes les merveilles de l'architecture. Nous n'avons rien parmi nous de plus parfait, de plus majestueux. Il serait important pour la science d'assigner l'époque précise de sa construction; mais cette tâche est difficile à remplir. Comme les pages confuses et interrompues de l'histoire ancienne ne nous apprennent rien à cet égard, l'esprit philosophique peut seul y suppléer. C'est ce que je vais essayer de faire avec toute l'attention que mérite un sujet si intéressant.

» Je me suis assuré d'abord que ce somptueux édifice recevait journellement, à l'époque que nous cherchons à reconnaître, tous les hommes de finance ; qu'on y établissait le cours des changes, des effets publics, et la valeur des monnaies. Ce fait une fois constaté, a été un trait de lumière qui a éclairé toutes mes conjectures. Il est évident que la pensée d'une telle construction n'a pu appartenir aux siècles dits de *chevalerie ;* alors l'industrie, le commerce étaient languissans, et tout l'art du financier consistait à lever des contributions sur les passans, le glaive à la main : elles n'appartiennent pas non plus à ces longues années de guerres civiles et religieuses qui succédèrent aux temps douteux que les vieilles chroniques nomment le moyen âge. A cette époque la profession de la finance était une profession obscure et sans considération ; le commerce lui-même, le commerce si utile aux sociétés, si honorable, était en butte au mépris. Nous savons qu'alors le travail était abject, et l'oisiveté un titre de noblesse. Ces opinions nous paraissent extravagantes; mais il est positif qu'elles ont existé. Comment, à une telle époque d'absurdité et de fol orgueil, aurait-on pensé à consacrer un temple au Plutus plébéien?

» Il paraît maintenant hors de doute, d'après les profondes recherches et les rapprochemens lumineux de nos plus illustres érudits, qu'un siècle ou deux après la dernière époque que je viens de citer, il se fit en ce pays une étonnante révolution politique. Les anciennes institutions s'écroulèrent; de nouvelles doctrines, de nouveaux besoins amenèrent un nouvel ordre social. On n'entend plus parler, depuis cette grande commotion, de chevaliers bannerets, de seigneurs châtelains, de grands vassaux, d'abbés opulens comme des princes. Dans le nivellement des conditions et l'accroissement des lumières, l'industrie et le commerce, qui enrichissent les individus en faisant prospérer les empires, durent sortir de leur antique dégradation; on soupçonne même que des droits publics furent attachés à la propriété délivrée d'entraves. Ainsi chacun put s'élever par son travail; et la richesse créa les distinctions : c'est, suivant toutes les probabilités historiques, à cette époque que fut construit le palais de la finance.

» Mais un tel état de choses a ses inconvéniens : s'il anime d'abord l'industrie, s'il favorise les arts, il allume aussi la soif de l'or, réveille toutes les cupidités, et la finance devient la première des professions. Ses adorateurs lui élèvent un temple et lui rendent un culte qui tient de l'idolâtrie. Quand le désir immodéré des richesses saisit une nation, la probité n'est plus qu'une vertu importune, les sentimens généreux s'affaiblissent, tout est soumis au calcul.

» Je ne sais si je me trompe, mais je suis

porté à croire qu'à l'époque qui nous occupe, l'honnête devait souvent être sacrifié à l'utile. Je soupçonne même, en contemplant cet admirable édifice, que le pouvoir public de cette même époque, loin de résister à la tendance générale, en était complice; qu'il cherchait à la favoriser de ses moyens d'influence, et croyait peut-être se fortifier en affaiblissant le moral du peuple. C'est une erreur que la philosophie a eu beaucoup de peine à déraciner.

» Enfin, la passion financière portée à son plus haut degré d'exaltation a dû nuire aux entreprises utiles, aux travaux de l'industrie, aux grandes spéculations du commerce, aux progrès de l'agriculture, comme aux mœurs publiques. Tous les capitaux réels ou passifs affluaient sans doute, et s'agitaient sur un seul point : l'embonpoint était au centre, et la maigreur à la circonférence. Une société ainsi organisée est toujours à la veille de quelque catastrophe. Un antiquaire de mes amis, en feuilletant de vieux livres vermoulus, a découvert que les Gaulois de ce temps-là avaient un nom singulier pour désigner les jeux de la finance, ils les appelaient *agiotage*. Je voudrais bien savoir l'étymologie de cette burlesque expression.

» L'aspect de l'édifice dont il s'agit m'a suggéré ces remarques générales, et la lecture laborieuse du petit livre que j'ai trouvé dans mes fouilles ne m'a plus laissé de doute sur leur exactitude : il a dû appartenir à l'un des prêtres de ce temple fastueux. Il est vrai que, malgré tous mes efforts, je n'ai pu comprendre les premières pages; elles sont écrites d'un style qui n'a aucun rapport avec la langue de Fénélon et de Voltaire. On y lit ces mots: « *Prime — fin courant — dont un — report,* » et autres expressions singulières, qui arrêtent et fatiguent sans fruit l'intelligence. Mais d'autres pages sont moins obscures : il me paraît prouvé que le possesseur y marquait d'avance le cours de ses occupations. Voici quelques-unes de ces phrases : « *Demain, déjeuner avec son excellence; — voir l'abbé Moltocurante. — Après demain, visite à la comtesse et règlement. N. B. Le prince et le duc dînent chez moi vendredi. — Samedi, Polichinelle Vampire, Aglaé ou Victoire; loge grillée. — Lundi, grande hausse; c'est convenu. — Mardi, jeter l'emprunt en dehors. Bonne affaire. Courriers à Londres, à Vienne, à Francfort, à Madrid. Penser à mon grand bal. Commander mes armoiries et mes décorations.* »

» Je ne comprends pas nettement toutes ces phrases; mais le peu que je conçois me prouve une vérité importante, c'est que la classe la plus élevée de la société se mêlait avec ardeur de finance. Elle avait donc perdu cette antique délicatesse, ce dédain du calcul qui, dit-on, caractérisait ses ancêtres ; elle courait les chances du mouvement des effets publics : signe infaillible de la grande révolution qui doit avoir sillonné, vers ce temps, l'état social du pays.

» Puisque la richesse était la divinité de l'époque, la morale publique devait être peu sévère, et la saine littérature sur le déclin. Ce *Polichinelle Vampire*, dont il est question dans mon précieux manuscrit, était sans doute quelque *Atellane* vulgaire, quelque production grotesque qui attirait alors la foule. S'il y a quelque fondement dans cette conjecture, la scène nationale devait être négligée ; nouveau symptôme d'une naissante barbarie. *Aglaé* ou *Victoire* ; j'ai long-temps réfléchi sur la particule disjonctive qui se trouve dans cette phrase, et il est résulté de ces méditations que le prêtre de la finance était d'une humeur un peu libertine.

» Je me suis arrêté sur ces mots, *son excellence*, — *l'abbé Moltocurante;* mais mon esprit n'a rien produit de satisfaisant. Je soumettrai ce passage à notre Académie des sciences ; il y aura là matière à dissertation pour plus d'un volume ; c'est un véritable trésor académique.

» *L'emprunt, la grande hausse*, ne m'ont point surpris. Les emprunts publics devaient être un des moyens du gouvernement, et fournir des enjeux aux spéculateurs ; mais je serais curieux de savoir comment on convenait d'une grande hausse ; le temps nous a dérobé ce secret : il faut consentir à ignorer quelque chose. »

La relation de mon voyageur s'arrêtait à ces mots ; tout à coup mon imagination refroidie cessa d'exalter ma pensée, elle retomba dans la réalité ; et en me réveillant comme d'un songe, je me trouvai au milieu de l'Athènes moderne, qui s'occupe beaucoup plus du présent que de l'avenir, qui brille comme a brillé l'antique capitale des arts, et qui passera comme elle.

A. J.

N°. XIII. — 25 février 1814.

TREIZIÈME LETTRE.

LE MORCEAU DE FER ET LE LINGOT D'OR.

Instrumenta regni.
TACITE.
Les deux mobiles de la puissance.

LE MORCEAU DE FER.

Je bénis le tremblement de terre qui vient de s'opérer, et à qui je dois l'avantage de me retrouver auprès de vous, sous les décombres de ce palais en ruines ; nous sommes l'un et l'autre bien déchus de nos grandeurs passées, mais qu'une nouvelle commotion nous pousse à la surface du sol et nous rejette sous le marteau de l'artisan, nous retrouvons notre empire, et nous sommes encore les deux grands leviers du monde.

LE LINGOT D'OR.

Je conçois que tu t'applaudisses d'une catastrophe qui nous est commune, et qui établit entre nous pour quelques instants une sorte d'égalité dont tu abuses avec plus de vanité que de bienséance.

LE MORCEAU DE FER.

Puisque vous paraissez attacher tant d'importance à vos souvenirs, permettez-moi de vous rappeler que si vous avez brillé sous la forme d'un diadème au front de Bajazet, je n'ai peut-être pas jeté moins d'éclat entre les mains de Nadirsha, sous la forme de ce glaive formidable dont vous avez si cruellement éprouvé la trempe.

LE LINGOT D'OR.

Vante-toi bien d'avoir servi les fureurs d'un brigand; mais apprends de moi, misérable instrument de guerre et de travail, que la valeur intrinsèque est seule impérissable : tandis que la rouille achèvera de te dévorer, et de rendre à la terre les viles molécules qui te composent, je redeviendrai le signe de l'autorité souveraine, ou, façonné en coupe brillante, j'ornerai la table des festins; mes moindres parties, divisées et empreintes de l'image des rois, circuleront de main en main, et seront partout reçues avec empressement comme signes d'échange pour tous les besoins et pour tous les plaisirs.

LE MORCEAU DE FER.

Un peu moins d'orgueil, mon très-cher confrère en minéral, et daignez vous souvenir que nous sommes également le résultat d'une agrégation fortuite de parties similaires, et que nous ne différons que par nos propriétés. Êtes-vous plus que moi utile aux hommes? leur rendez-vous plus de services? vous doivent-ils plus de reconnaissance? C'est là ce qu'il s'agit d'examiner. Faites-moi votre histoire, je vous conterai la mienne.

LE LINGOT D'OR.

J'y consens. Personne ne nous écoute; je puis, sans déroger, m'entretenir avec toi. Le Pérou fut mon berceau.

LE MORCEAU DE FER.

C'est assez dire qu'il fut arrosé du sang des hommes : ainsi votre naissance est votre premier crime.

LE LINGOT D'OR.

Le prêtre Valverde l'expia en me transformant en un superbe candélabre dont

Charles-Quint enrichit Saint-Pierre de Rome.

LE MORCEAU DE FER.

Le saint apôtre, premier serviteur des serviteurs du Dieu des pauvres, n'aurait point accueilli ce don fastueux; celui qui plaça une croix de bois sur l'autel aurait craint de profaner le temple en y plaçant un candélabre d'or.

LE LINGOT D'OR.

Dix ans après, une de mes branches fut détachée et vendue à des bijoutiers de Rome, qui la convertirent en chapelets précieux que l'on vit, avec édification, se mêler aux cheveux noirs, ou serpenter au cou d'albâtre des maîtresses de quelques aimables cardinaux.

LE MORCEAU DE FER.

Luxe, vanité, débauche, arrogance et tyrannie, voilà leur histoire et la vôtre.

LE LINGOT D'OR.

Je cesse de parler si vous continuez à m'interrompre par les réflexions de votre philosophie bourgeoise. Après avoir figuré pendant près d'un siècle au pied des colonnes de bronze qui soutiennent le dais pontifical, sa sainteté, qui avait besoin d'argent pour soutenir la guerre contre sa fille bien-aimée la république de Venise, me vendit à des juifs; ceux-ci encore firent passer au creuset deux de mes branches; et au moyen de trois cinquièmes d'alliage qu'ils mêlèrent à ma substance native, ils en composèrent des bijoux, des amulettes, et des pièces de monnaies marquées au titre de vingt-quatre carats, et sur lesquels ces honnêtes Israélites gagnèrent environ soixante-quinze pour cent.

L'un d'eux s'était aperçu qu'à toutes les perfections dont la nature m'a pourvu il fallait ajouter une si prodigieuse facilité de s'étendre, qu'il parvint à réduire une de mes feuilles, d'une once pesant, en seize cents feuilles de trois pouces carrés, lesquelles couvraient une surface plus de cent cinquante mille fois plus grande que celle que j'occupais sous ma première forme. Au moyen de cette découverte il parvint à donner aux matières les plus viles l'éclat et l'apparence qui n'appartiennent en propre qu'à moi seul.

LE MORCEAU DE FER.

J'entends, vous avez la propriété de parer les défauts, de masquer les vices, et d'attirer une sorte de considération sur les objets les plus méprisables.

LE LINGOT D'OR.

Ainsi mutilé, j'arrivai en Perse, où je fus déposé dans le trésor du sophi; bientôt après l'orfévre de la couronne eut ordre de détacher ma dernière branche, et d'en fabriquer un sceptre digne du très-puissant, très-invincible empereur de la mer, fils du soleil et de la lune, oncle des planètes, cousin des étoiles, roi de Perse et des Indes, etc. Sous cette forme nouvelle je fis gémir et trembler l'Orient; à ma vue les grands se prosternaient, les peuples rentraient sous terre; d'un seul mouvement je faisais tomber autour de moi dix mille têtes d'esclaves, ou j'en envoyais trois cent mille au combat. Ma partie inférieure, où se trouvait gravé le sceau impérial, était l'unique arbitre des destinées de cent millions d'hommes. Hélas! une irruption de Tartares m'arracha des mains du sophi, et suspendit le cours glorieux de mes prospérités.

LE MORCEAU DE FER.

Il n'était pas besoin pour cela des Mamelucks et des Usbecks : le despotisme se détruit lui-même; c'est ainsi que Persépolis, où le feu était adoré, fut dévorée par le feu.

LE LINGOT D'OR.

Le conquérant tartare, devenu possesseur du sceptre de l'invincible fils du soleil, en fit hommage au grand lama, c'est-à-dire au collége des bonzes, qui gouvernent au nom de *son éternité;* ceux-ci me rendirent à mon état de lingot, après avoir rogné ma base pour composer avec mes parcelles les sachets odorans, dont le grand lama fait présent à ses plus zélés adorateurs.

J'étais enfermé précieusement depuis plusieurs années dans le sanctuaire impénétrable où les bonzes entassaient leurs richesses, lorsqu'un tremblement de terre ébranla le Thibet, et engloutit à la fois le temple, l'idole, les prêtres et leur trésor. Il ne fallait rien moins, tu l'avoueras, qu'une de ces épouvantables catastrophes qui bouleversent le monde pour nous avoir jetés pêle-mêle sous les mêmes débris; mais depuis quelques semaines un bruit sourd se fait entendre au-dessus de notre tête; on me cherche; et, bientôt rendu à la lumière, je verrai se rouvrir pour moi la carrière de gloire et de puissance où m'appellent invinciblement la nature et les hommes.

LE MORCEAU DE FER.

Me pardonnerez-vous de répéter, en commençant mon histoire, que nous avons une même origine, et que la mine dont on m'a tiré n'était ni plus obscure ni plus grossière que celle où vous avez pris naissance; je dirais même (si j'étais métal à tirer vanité de circonstances purement fortuites) que j'étais connu bien avant vous sur la terre. Mais laissons le droit d'ancienneté, qui n'est après tout qu'un acte de générosité du temps ; et, sans chercher depuis quand nous vivons, voyons comment nous avons vécu.

Vous êtes né au Pérou, et moi dans les forêts de la Germanie ; vous avez coûté la vie aux hommes qui vous ont arraché avec effort des profondes entrailles de la terre, et moi j'ai récompensé par des bienfaits les travaux plus faciles de ceux qui m'ont trouvé à quelques pieds au-dessous de sa surface.

La masse énorme qui me composait dans le principe, divisée par le feu en plusieurs fragmens, n'a reçu au sortir de la forge, que de bienfaisantes, d'utiles ou de nobles destinations ; je me suis vu transformer en instrumens de labourage, en ancres, en tuyaux de conduite pour les eaux, et en machines de guerre.

LE LINGOT D'OR.

Pourquoi ne dites-vous pas tout de suite en instrument de meurtre et de carnage ?

LE MORCEAU DE FER.

Il est vrai qu'Alexandre, César, Gengis, Napoléon, portaient une épée qui valait bien le sceptre de votre sophi de Perse; mais c'est de la nature et du mérite intrinsèque du fer que je suis responsable, et non de l'abus que les brigands et les assassins peuvent en faire. J'ai été donné à l'homme pour le nourrir et pour le défendre; si je deviens quelquefois entre ses mains un instrument de dommage, c'est encore à vous, à l'or, nourricier de tous les vices, père de tous les crimes, qu'il faut s'en prendre. L'or commande les forfaits, le fer les exécute et les châtie.

LE LINGOT D'OR.

Tes reproches sont encore la preuve de ma puissance.

LE MORCEAU DE FER.

Je ne puis vous céder même cet avantage.

Vous avez corrompu le monde, mais c'est le fer qui l'a conquis. Avec mon secours vous faites des esclaves, et sans vous, je fais des hommes libres. On reconnaît à sa stérilité le sol où vous prenez naissance, et la terre, desséchée sur votre passage, m'appelle à son aide pour lui rendre la fécondité et la vie. Mon seul crime, et celui-là même atteste ma supériorité sur vous, c'est d'avoir fait votre conquête, et d'avoir versé sur le vieux monde ce poison brillant et solide, que la nature bienfaisante avait caché dans un autre hémisphère. Réduit à vous-même, vous n'avez qu'une valeur d'opinion, et vous n'avez de force qu'en devenant un moyen d'échange. Les armées chargées d'or ont toujours succombé, et l'orgueil du sceptre d'or s'est toujours brisé contre la cuirasse de fer.

LE LINGOT D'OR.

Laisse là de vaines déclamations; je ne

veux pas savoir ce que tu penses de ta race, mais ce que tu as fait par toi-même

LE MORCEAU DE FER.

« J'ai fait un peu de bien, c'est mon meilleur ouvrage.

Devenu ancre au sortir de la forge, je fus embarquée sur un vaisseau de transport où se trouvaient huit ou neuf cents hommes; après une traversée de plusieurs mois, et presqu'en vue du port, nous fûmes assaillis par une horrible tempête : la lame et les vents nous jetaient sur les rochers de la côte. Il fallut mouiller : trois ancres, jetées successivement, s'étaient brisées sous l'effort d'une mer en furie... *Adieu-va*.... On laisse tomber l'ancre de miséricorde,... dernière espérance de salut: c'était moi : de ma résistance dépendait la vie d'un millier de créatures humaines; les flots redoublent de rage; je laboure un moment le sol où je m'enfonce; mais je tiens bon. Les vents s'apaisent, le calme renaît, et, grâce à moi seule, le navire est sauvé. On veut me lever pour entrer dans le port, mais je m'étais engagée sous une roche, et j'y laissai une de mes pates.

Dans cet état, je devins la propriété d'un taillandier qui me convertit en charrue de fer d'une nouvelle invention. Sous cette forme, où je demeurai pendant un demi-siècle, j'ai défriché une partie de la Sologne, j'ai enrichi successivement deux de mes propriétaires, et j'ai fait vivre dans l'aisance plusieurs familles qui sans moi se seraient probablement éteintes dans la misère.

La mer, en se retirant, avait laissé à découvert la roche sous laquelle s'était brisée une de mes pates; des pêcheurs vinrent à bout de dégager cette partie de moi-même qu'ils vendirent à un serrurier sous le marteau duquel ce morceau de fer divisé, subdivisé, courbé, aminci, en cent façons, fournit à tous les genres de besoin, à toutes les espèces d'industrie, des ustensiles et des instrumens que la pauvreté même pouvait acquérir. Je vous ai déjà demandé grâce pour cette lame de sabre qui vous a joué un si mauvais tour.

Je me hâte donc de terminer mon histoire principale en vous disant que la charrue de fer, usée par le travail, fut mise à la fonte, et qu'on en forma une de ces masses de fer dont on se sert comme de lest dans les vaisseaux. Arrivé au Thibet, après une suite d'aventures sans intérêt pour vous, je fus étendu en barre de fer, et je servais à fermer le trésor où l'avarice des bonzes vous gardait si soigneusement lors de la catastrophe qui nous engloutit l'un et l'autre.

LE LINGOT D'OR.

J'en sortirai plus brillant que jamais, tandis que la rouille achèvera de te dévorer.

Le lingot parlait encore lorsque des travailleurs pénétrèrent sous les décombres où il était enseveli, et s'emparèrent, avec une joie inexprimable, de la barre de fer qu'ils reconnurent à la rouille même dont elle était couverte. « Que faites-vous ? leur crie le lingot, vous vous trompez ; elle n'est que de fer, et je suis d'or. — Que nous importe ? répondit un des travailleurs, en chargeant la barre de fer sur son épaule ; notre terre est fertile, notre peuple est industrieux, et l'ennemi s'approche ; c'est de fer que nous avons besoin.

E. J.

Le lingot parlait encore lorsque des travailleurs pénétrèrent dans les catacombes où
il était nouvelle. Il s'en approcha, avec une

N°. XIV. — 28 *février* 1824.

QUATORZIÈME LETTRE.

TRIBUNAL DE POLICE CORRECTIONNELLE.

> *It is certain that much of the profligacy of the plebeian order arises from extreme ignorance.*
> (*Essays moral and litterary, by V. Knox.*)
> Il est certain que la dépravation de la classe plébéienne résulte de son extrême ignorance.

Vous savez, mon cher confrère, que le tribunal de police correctionnelle a pris une grande importance depuis quelques années. Il ne s'était occupé, jusqu'à ces derniers temps, que des délits des classes inférieures; on n'y voyait guère comparaître que la populace vagabonde des chiffonniers, des fripiers de carrefour, des cochers de fiacre et de cabriolets. C'est là que venaient aboutir les escroqueries en plein air et les querelles des guinguettes. Depuis cette époque, les plaintes nombreuses en calomnie et les nouvelles lois sur la presse, y ont amené des personnages assez importans pour fixer l'attention publique, et attirer une affluence considérable de spectateurs des rangs les plus élevés de la société. Des causes du plus grand intérêt ont été développées dans cet aréopage subalterne; et plus d'une voix éloquente y a revendiqué les droits de la raison et les garanties de la liberté.

Les personnes qui ne connaissaient que de réputation notre temple de la justice, ont été généralement surprises de la mesquinerie matérielle de ce tribunal. La place réservée au public est si étroite, que cinquante personnes ne sauraient s'y ranger commodément; les siéges des avocats sont presque au pied du tribunal, de sorte que le public, les juges, les prévenus et leurs défenseurs ont à peine assez d'espace pour se mouvoir, et sont aussi gênés que les convives du festin de Boileau. L'air circule difficilement dans cette enceinte mal éclairée; et, lorsque je m'y présentai pour répondre de mon opinion sur le caractère de Boyer-Fonfrède, je crus un instant que j'allais être frappé d'asphyxie; il n'y a que des poumons à toute épreuve qui puissent résister à ce mélange impur de gaz qui forment l'atmosphère de la police correctionnelle.

Je m'entretenais à ce sujet avec un magistrat qui a fait ses premières armes dans ce tribunal: « Il me semble, lui dis-je, que depuis les lois récentes sur la presse, on aurait pu faire siéger la justice correctionnelle dans un lieu plus décent. Il aurait été, je crois, plus convenable de séparer des hommes bien élevés, et qui sont honorablement connus, des vagabonds, des escrocs et des prostituées, qui peuplent ordinairement cette obscure enceinte. On a vu des écrivains estimables, des militaires, même des ecclésiastiques placés au rang des filles de joie, des filoux et des tapageurs de la Râpée. » « Pourquoi cette distinction ? me dit ce magistrat. Vous nous prêchez sans cesse l'égalité : nous voulons vous en faire goûter, afin que vous sachiez, par expérience, ce que valent vos doctrines. Bien plus, quand vous serez condamné, on vous enverra au milieu des voleurs et des bandits qui sont le fléau et le rebut de la société. Messieurs les gens de lettres sont un peu trop fiers, nous voulons mater leur orgueil.

» — Vous vous y prenez mal, répondis-je à

ce magistrat; et d'abord votre raisonnement ne vaut rien. Ce n'est point l'égalité entre les individus que nous réclamons; nous savons fort bien qu'il existe des inégalités sociales inévitables; que vous, par exemple, monsieur le juge, vous avez l'esprit un peu mieux cultivé que votre porteur d'eau, des manières plus distinguées que le chiffonnier du coin; qu'il y aurait de l'injustice à vous confondre avec eux; quand nous parlons d'égalité, nous entendons que la justice doit être égale pour tous, que les lois doivent protéger indistinctement le pauvre et le riche, le faible et le puissant, l'homme du peuple comme l'homme de cour; quant à l'orgueil des gens de lettres que vous voulez mater, le moyen que vous employez est peu efficace. Nul d'entre eux n'est assez dépourvu de sens pour se sentir humilié d'être réduit, par une force brutale, à vivre sous le même toit avec des hommes sans principes, et que le vice a dégradés. Voulez-vous que les hommes de lettres condamnés pour leurs opinions soient responsables de la sauvage ineptie de l'autorité?

» — Pourquoi se mêler d'écrire? pourquoi cette orgueilleuse manie de vouloir nous régenter? que ne traitez-vous des sujets généraux? nous ne voulons pas de censeurs.

» — Vous revenez sur l'orgueil des gens de lettres; je n'ignore pas que c'est là le grand reproche qui leur est adressé; je serais bien aise de vous détromper sur ce point. Soyez sûr que plus un homme a de lumières, que plus il est accoutumé à réfléchir et à se rendre compte de ses réflexions, moins il a de confiance en lui-même, et que le ton tranchant, la présomption n'abandonnent guère la médiocrité. Les écrivains les plus distingués que nous connaissions, sont aussi les plus modestes. Je crois qu'il en est ainsi dans toutes les professions, et que, parmi les magistrats eux-mêmes, ce sont les moins éclairés, les moins estimables qui ont le plus de morgue et de sotte vanité. »

Mon magistrat ne jugea pas à propos de pousser plus loin la conversation, et je rentrai dans la salle de police correctionnelle. On peut y prendre une idée exacte des mœurs de la classe la moins relevée de la société. On n'y appelle que peu de causes pour des voies de fait; les hommes du peuple crient beaucoup à Paris, se mesurent des yeux, se menacent, s'adressent, comme les héros d'Homère, de grossières injures; mais ils se frappent rarement, à moins qu'ils ne soient dans l'ivresse. C'est tout le contraire à Londres; à la première provocation, les disputeurs commencent une scène de pugilat qui a ses lois et ses règles qui ne sont jamais enfreintes avec impunité. On sent à la naïve impétuosité de John Bull qu'il n'est pas placé sous la surveillance des gendarmes.

Les gendarmes jouent un grand rôle à la police correctionnelle ; c'est presque toujours sur leur témoignage que les causes sont décidées ; mais ce témoignage est-il toujours aussi véridique qu'il devrait l'être ? La résistance qu'ils éprouvent quelquefois, les luttes auxquelles ils sont condamnés, le langage injurieux qu'ils entendent, ne les exposent-t-ils pas trop souvent à l'exagération ? On peut le croire sans compromettre son jugement.

Une observation digne d'être méditée

par les hommes qui influent sur les destinées de la nation, c'est le nombre considérable d'individus à peine sortis de l'enfance qui arrivent annuellement sur les bancs de la police correctionnelle. Ce fait annonce une grande dépravation dans le peuple ; mais cette dépravation même accuse un vice déplorable dans l'organisation sociale : il semble qu'il importe seulement à la société qu'il y ait une punition pour chaque crime, un châtiment pour chaque délit. Rien de plus juste, sans doute, si les peines sont proportionnées aux offenses ; mais il y aurait quelque chose de mieux à faire dans l'intérêt et le bonheur des peuples ; ce serait de prendre des moyens efficaces pour prévenir les délits et les crimes.

En général, tous les individus que réclame le tribunal correctionnel se distinguent par une complète ignorance et des penchans vicieux. Cette association est si commune, que les exceptions sont à peine dignes de remarque. Il en résulte qu'un gouvernement, jaloux d'acquérir des droits légitimes à la reconnaissance nationale, devrait multiplier les sources de l'instruction élémentaire, et encourager les écoles d'enseignement mutuel, qui, de l'aveu de tous les bons esprits, sont les plus propres à répandre cette salutaire instruction. D'où vient cette haine si marquée dans les hommes investis du pouvoir contre une méthode dont l'humanité s'applaudit? trouveraient-ils dans la dépravation morale de la société une garantie de leur prééminence accidentelle? croiraient-ils leur existence politique menacée s'il y avait moins de vices et plus de vertus autour d'eux? Ce qu'il y a de positif, c'est que leur système est condamnable au tribunal de la morale et de la religion.

On a observé que les maisons de jeu et de loterie, si multipliées sur les deux rives de la Seine, sont les deux causes les plus actives des déprédations et des crimes que la justice est appelée à discuter et à punir : tout le monde convient de cette vérité, et cependant ces maisons s'ouvrent chaque jour sous la protection du gouvernement, qui se rend ainsi complice de la corruption des mœurs; l'intérêt du fisc l'emporte sur l'intérêt de l'humanité. Il faut lever un milliard d'impôts, voilà ce qui passe avant tout, même avant les devoirs de l'homme d'état; il n'y a point de considération morale assez forte contre un pareil argument. A quoi bon parler de morale lorsqu'il s'agit de finances?

C'est au corps législatif qu'il appartiendrait de faire fermer les maisons de jeu et de supprimer la loterie. Tous les ans on fait de belles phrases sur ce sujet; les orateurs invoquent la religion et font parler la morale; ils exposent avec éloquence les maux qui résultent, pour la société, de ces funestes établissemens, où le riche trouve la misère et le pauvre l'indigence, et qui les rendent pour jamais incapables de se livrer à une honnête industrie. Mais les dépenses au lieu de diminuer augmentent chaque année; on ne peut arriver au pair qu'en levant des impôts sur le vice, et les plus viles passions fournissent leur contingent au budget.

Que nous font, après cela, vos discours de morale et l'ardeur apparente de votre zèle pour la religion? Des punitions sévères attendent le misérable qui, dans son extrême ignorance, est tombé dans les piéges que le pouvoir a tendus sous ses pas; et les hommes qui exercent ce pouvoir jouissent tranquillement de leur opulence et de leurs dignités; ils sourient lorsqu'on leur parle de morale publique; ils s'irritent contre les indépendantes représentations de l'écrivain ami de l'humanité et de la justice. Bientôt toute opposition sera considérée comme un encouragement à troubler la paix de l'état, comme une licence répréhensible et digne de la sévérité des lois. Qu'on parvienne à étouffer l'un après l'autre tous les libres organes de l'opinion, que nous restera-t-il? La plus intolérable des servitudes, celle qui est fondée sur la corruption.

Dans l'état actuel des choses, on ne peut que faire des vœux pour la régénération des mœurs, et la fin prochaine de ce détestable système d'hypocrisie, devenu la lèpre de la société. Quand cessera-t-on de proférer de sages paroles et de donner de mauvais exemples ? quand les actions seront-elles d'accord avec les discours ? quand sera-t-on persuadé qu'il n'y a point de bonne politique sans morale, que l'encouragement accordé au vice est un crime contre la société, et que la diffusion des premières connaissances est un moyen infaillible d'améliorer les mœurs des peuples, et de leur donner une patrie ?

Si jamais de telles pensées dominaient dans les conseils publics, nous en apercevrions bientôt les heureux résultats : la rareté des délits attesterait avant peu l'efficacité des nouvelles mesures ; moins de prévenus paraîtraient devant les tribunaux correctionnels et les cours d'assises, moins de suicides affligeraient l'humanité ; il ne faudrait pour tout cela qu'un peu de vertu, de bon sens et de bonne foi. Mais, il nous faut de l'argent! A quelle époque dirons-nous : « Il faut de la justice et de l'humanité! »

A. J.

CORRECTION NULLE

...de l'apparence de l'humeur. Mais, d'ailleurs, il faut (dit-ne-t-il) à quelle époque auons-nous rien vu de semblable ? de l'humeur résulte...

TABLE DES LETTRES

CONTENUES

DANS LE PREMIER VOLUME.

	Pages.
Petit Avant-Propos.	1
Ire. Lettre. La Rive droite.	11
IIe. Lettre. La Rive gauche.	23
IIIe. Lettre. Les Contrastes.	49
IVe. Lettre. Nouvelles des Champs Élysées — Colonie des Rois.	65
V^e. Lettre. Les Pourquoi.	99
VIe. Lettre. Le Siècle des Mémoires.	119
VIIe. Lettre. Le Concert d'amateurs.	133

Pages.

VIIIᵉ. Lettre. Essai sur les mœurs de l'époque. 149

IXᵉ. Lettre. Les Femmes d'aujourd'hui. 167

Xᵉ. Lettre. Sur les Pourquoi. 187

XIᵉ. Lettre. Les Femmes au jugement dernier. 201

XIIᵉ. Lettre. Le Palais de la Bourse. 229

XIIIᵉ. Lettre. Le Morceau de fer et le Lingot d'or. 245

XIVᵉ. Lettre. Le Tribunal de police correctionnelle. 263

FIN DE LA TABLE DU PREMIER VOLUME.

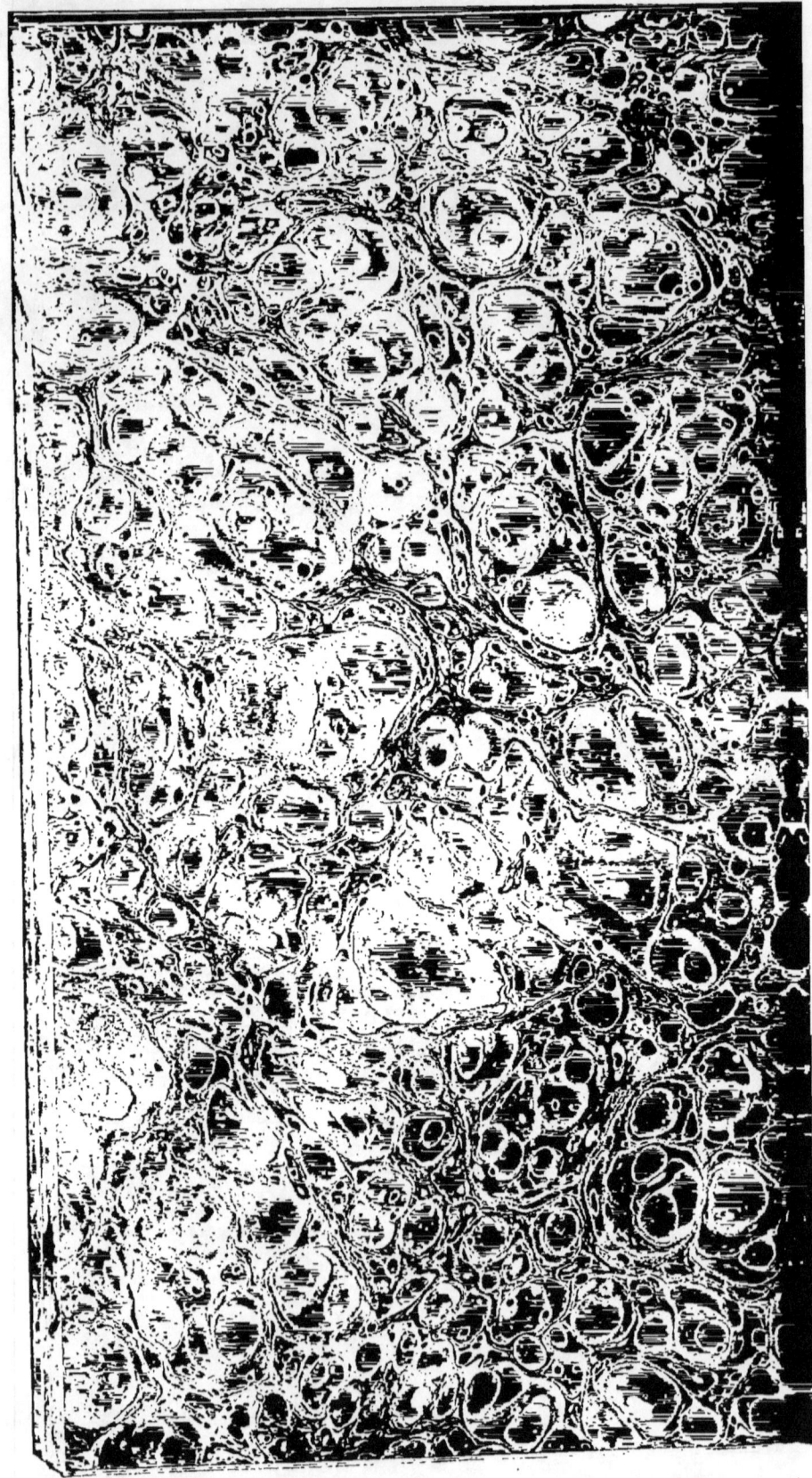

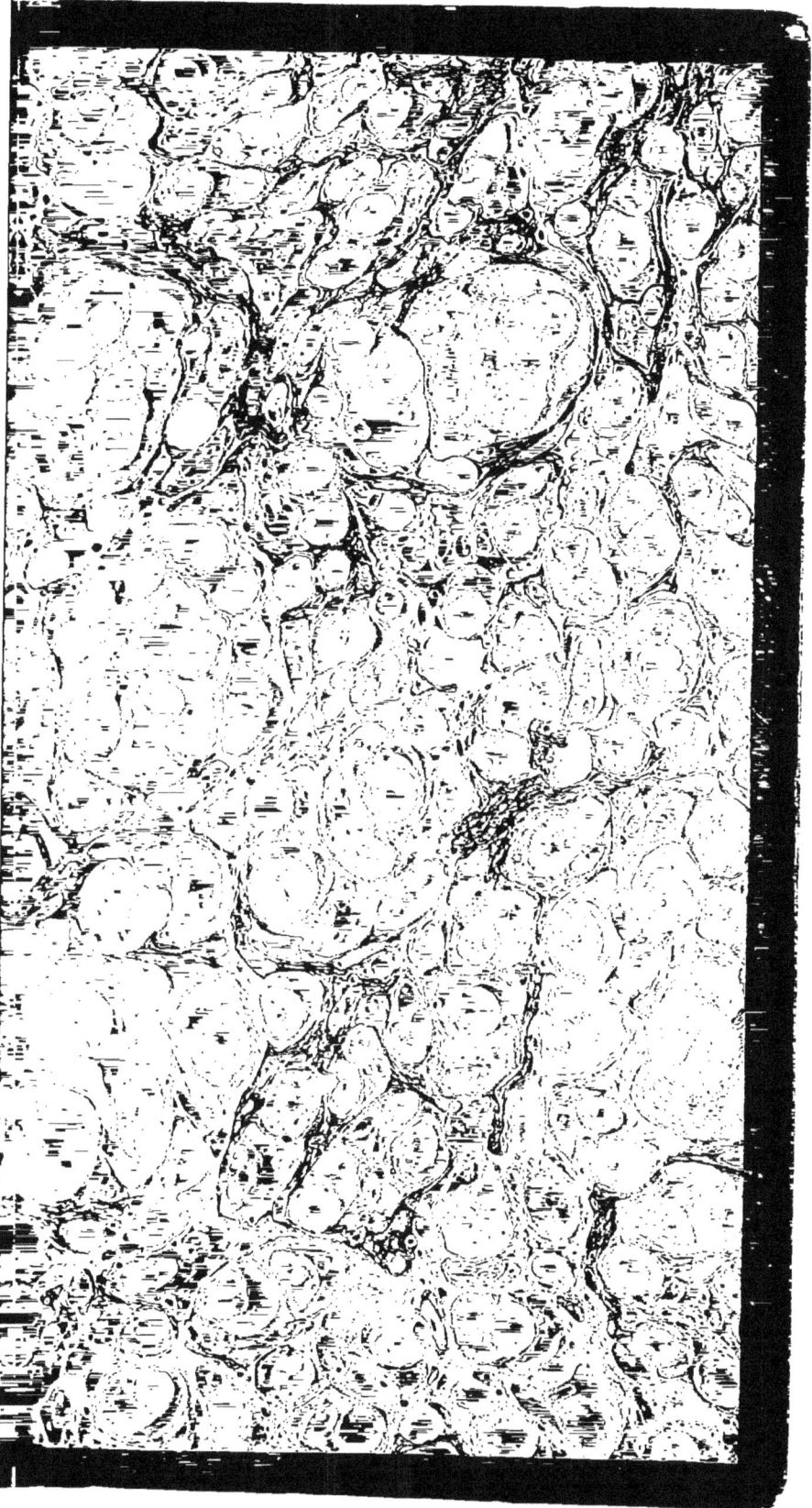

www.ingramcontent.com/pod-product-compliance
Lightning Source LLC
Chambersburg PA
CBHW071421150426
43191CB00008B/1000